Große Wahrheiten und Strategische Lös

Aldivan Torres

Große Wahrheiten und Strategische Lösungen

Autor: Aldivan Torres

Reihe: Spiritualität und Selbsthilfe

Aldivan Torres, geboren in Brasilien, ist ein etablierter Schriftsteller in mehreren Genres. Bis heute hat sie Titel in Dutzenden von Sprachen veröffentlicht. Schon in jungen Jahren war er ein Liebhaber der Kunst des Schreibens und hat ab der zweiten Hälfte des Jahres 2013 eine professionelle Karriere gefestigt. Mit seinen Schriften hofft er, einen Beitrag zur Kultur von Pernambuco und Brasilien zu leisten und die Freude am Lesen bei denjenigen zu wecken, die es sich noch nicht angewöhnt haben.

Widmung

Zuallererst zu Gott. An meine Mutter Julia, meine Familie und meine Leser. An alle, die die nationale Literatur unterstützen. An alle Autoren, Berufskollegen, die Menschen zum Träumen bringen.

Über das Buch

Es ist eine Sammlung guter Texte über das Leben im Allgemeinen. Es ist ein Weg, der uns zu befriedigenden Ergebnissen führt, zu einem unendlichen Wissen über Gott.

Wie kann man ein Liebhaber der Weisheit sein? Wir müssen uns der wunderbaren Liebe zum Leben öffnen, etwas, das uns im Leben erfreut und motiviert.

Das Buch enthält die großen Antworten, die man über das Leben und seine Nuancen braucht. Es lohnt sich, es zu erwerben. Schätzen Sie unabhängige Kultur und helfen Sie einem Schriftsteller, von seiner Kunst zu leben. Die Welt braucht mehr Farbe, mehr Emotionen, mehr Freude, Gerechtigkeit und Gleichheit.

Große Wahrheiten und Strategische Lösungen

Lasst uns unsere Siege feiern, aber auch daran denken, dass es andere gibt, die leiden

Der Mensch ist klein

Moderne Beziehungen von heute

Wie schwierig es ist, mit Menschen in Schwierigkeiten umzugehen

Unterschätzen Sie sich nicht

Warum werden viele Menschen vergessen, wenn sie ins hohe Alter kommen?

Welches ist das Richtige für mich?

Welche Bedeutung hat Schönheit in einer Beziehung?

Wie bekommt man eine gute Beziehung?

Zu viel Eitelkeit schadet uns

Menschen beenden Beziehungen mit der Motivation, neue Erfahrungen zu machen. Was ist davon zu halten?

Was hält dich in einer schwierigen Beziehung fest?

Was hindert euch sonst noch daran, eine Beziehung aufzubauen?

Funktioniert es in einer Beziehung, schwer zu spielen?

Wir sind Schauspieler im großen Theater des Lebens

Wie kümmere ich mich um deine emotionalen?

Was bedeutet es, seinen Nächsten zu lieben?

Bemühen Sie sich, zu jeder Zeit und an jedem Ort wohltätige Taten zu vollbringen

Der Weg zu den Caraíbas

Alles im Leben hat ein Warum und einen Grund

Endlich sind sie angekommen. Es war eine lange Reise von Brasilien in die Wüste Ägyptens gewesen. Es waren Stunden, die endlos schienen, aber jetzt stellte er sie vor eine Höhle, in der sich der Einsiedler befand. Dann kommen sie sich näher, und die Interaktion beginnt.

Paul

Ich bin Paulus, der Diener Christi, der Einsiedler. Womit kann ich Ihnen helfen?

Göttlich

Mein Name ist göttlich und ich gehöre zum Team des Sehers. Meine Gruppe und ich sind extra aus Brasilien angereist, um ihn zu treffen. Wir wollen seine Jünger sein. Wir suchen die Wahrheit, die Christus uns lehrt.

Beatrice

Ich bin der beste Freund des Göttlichen. Wir lernten zusammen im Gymnasium und erlebten mit meiner Hilfe mehrere Abenteuer. Auch wir wollen ein Teil davon sein.

Bergwächter

Ich bin der Geist des Berges, der erste Lehrer des Göttlichen. Gemeinsam haben wir viele Herausforderungen gemeistert. Mit meiner Hilfe betrat er eine gefährliche Höhle und wurde zum Seher. Heute ist er Autor mehrerer wichtiger Bücher der Weltliteratur.

Renato

Und ich bin der liebe Renato, der junge Mann, den er auf dem Berg gerettet hat. Von da an trennten wir uns nie wieder. Seitdem sind wir eine geschlossene, dynamische und fröhliche Gruppe. Wir sind zusammen, um zu lernen.

Paul

Das ist ziemlich gut. Ihr seid eine wunderbare Gruppe. Ich freue mich auf eine Zusammenarbeit. Zuerst sehe ich aber, dass sie müde sind. Willst du in meine bescheidene Höhle gehen und Tee trinken?

Göttlich

Es wird eine große Ehre sein, Meister.

Paul

Also, folgt mir.

Die Gruppe betrat die Höhle, die sich direkt gegenüber befand. Es war ein Ort ohne Komfort und ohne jegliche Bequemlichkeit. Inmitten von Fledermäusen, Ratten, Kakerlaken und anderen Insekten lebte dieser Mann in Gottes Gnade.

Beatrice

Warum lebst du an diesem unwirtlichen Ort?

Paul

Weil es der einfachste Ort ist, um sich zu verstecken. Hier bin ich frei von den christlichen Verfolgern, die viele in den Tod führen. Es ist auch ein Ort der Besinnung, Meditation und Einfachheit. Ich freue mich, an dieser Stelle von Ihnen zu hören.

Beatrice

Das ist wunderbar. Glückwunsch.

Göttlich

Wie war die Erfahrung, weit weg von allem und jedem zu leben?

Paul

Es ist eine einzigartige Erfahrung, die jeder machen sollte. Ich weiß nicht genau, wie ich mit Worten beschreiben soll, was ich fühle, aber diese göttliche Weisheit sickert in meine Seele. Ich fühle mich erfüllt und erfüllt vom Heiligen Geist.

Göttlich

Das ist faszinierend. Eine ähnliche Erfahrung habe ich in einer brasilianischen Wüste gemacht. In meinem Fall war es die umgekehrte Erfahrung. Ich versank in die dunkle Nacht der Seele und beging nur Sünden. Damals war ich der energische junge Mann, der gerne anderen seinen zeigte. Das war radikal, aber auch abwertend. Glücklicherweise habe ich die richtige Wahl getroffen und gewechselt. Heute bin ich ein fleißiger, verantwortungsbewusster Erwachsener. Ich bin vierzig Jahre alt und habe viele Lebensprojekte. Mein nächstliegendes Projekt ist es, ein paar Tage mit dir zu leben, um ein wenig mehr über Gott zu verstehen.

Paul

Wir alle haben Sünden. Aber ich bin froh, dass es ihm peinlich war und er sich erholt hat. Heute sind die Begriffe andere, und Sie können sich noch weiter entwickeln. Es wird mir eine Freude sein, Ihnen Gott auf der Wüstenpilgerreise zu zeigen.

Göttlich

Ich werde es lieben. Es ist lange her, dass ich mich so sehr auf Abenteuer gefreut habe.

Bergwächter

Es ist ein weiteres großes Abenteuer. Ich bin verzaubert von jedem einzelnen der Versprechen, die uns die Geschichten bringen. Von Anfang an, auf dem heiligen Berg, waren wir ein paar Musketiere, die vom Schicksal um die Welt geführt wurden. Es kam uns nicht einmal in den Sinn, nach Ägypten zu gehen und einen Heiligen Gottes zu finden. Das klingt wie aus einem Film.

Paul

Ich bin kein Heiliger. Ich bin ein Mann, der etwas von der Essenz der Schöpfung aus Lebenserfahrungen gelernt hat. Meine Mission ist es, dies mit vielen Menschen zu teilen.

Renato

All das motiviert mich noch mehr, jeden Moment des Abenteuers so zu leben, als wäre es der einzige. Wann werden wir wirklich mit der Pilgerreise beginnen?

Paul

Jetzt gerade. Der Nachmittag hat bereits begonnen. Wir müssen den richtigen Weg finden, um all das zu erfahren, wozu uns die Gnade einlädt. Lasst uns den Weg Ägyptens beginnen, einen großen heiligen Weg für alle, die mehr über Gott erfahren wollen.

Trotzdem steht er auf und lädt andere ein, es ihm gleichzutun. Was sollte passieren? Lassen Sie uns gemeinsam auf dieses Abenteuer gehen.

Erster Tag

Und die große Reise in die Wüste beginnt. Wenn sie die Höhle verlassen, wählen sie einen Pfad im Wald und folgen ihm, während sie dem Wald trotzen. Das Wetter ist besonders gut, die Temperaturen sind mild, der Himmel reißt auf und die Vögel singen. Was würde aus ihnen in dieser gigantischen Wüste werden? Das Unerwartete, das Schicksal, Gott und die Energie des Universums schienen sie bei jedem Schritt des Weges anzutreiben. Es war ein gutes Gefühl, zu einem größeren Flugzeug zu gehören.

Sie gehen etwa fünfhundert Meter, gehen geradeaus weiter, und die Landschaft ändert sich ein wenig. Nachdem sie ihre

Energien wiederbelebt hatten, konzentrierten sie sich darauf, einen sicheren Hafen für diejenigen zu finden, die wissen, wie man sich ausruht, reflektiert und meditiert. Aber sie standen erst am Anfang des Weges.

Ihre Gedanken sind bei ihrem Leben in Brasilien, ihrer Familie, ihren Sorgen. Doch schon bald ist Schluss mit diesem Gefühl. Dass jeder für sich selbst sorgen kann. Sie waren bereits mit Mut, Kraft, Mut, Freude und Entschlossenheit auf der Suche nach ihren eigenen Projekten. Dadurch legen sie ein Viertel des Tageswegs zurück.

Abgesehen von der Angst schmerzten die Erinnerungen an die Vergangenheit aufgrund der unaufhörlichen Probleme, die sie plagten. Wie wäre ein Abenteuer in der Wüste nach einer so langen Zeit der literarischen Karriere? Es wäre zumindest ein cooles, zum Nachdenken anregendes und aufschlussreiches Abenteuer. Es war ein guter Grund, so viele Risiken einzugehen. Dann, gleich danach, machen sie die Hälfte des Weges.

Die neue Kulisse führt sie an einen wunderschönen Ort mitten in der Wüste: ein bisschen Grün, umherwandernde Tiere, Menschen auf der Straße und ein Weg zu einem Ort. Also folgen sie der Spur. Der neue Weg erzeugt in ihnen ein Gefühl der Erleichterung, Ergonomie und Ermutigung. Wie von Zauberhand kam die Stadt mit jedem Schritt, den sie machten, näher. Alles in der Wüste war extrem nah. Damit absolvieren sie drei Viertel der Strecke.

Der letzte Teil der Reise verläuft ruhig, friedlich und durchsetzungsfähig. Sie betreten den kleinen Ort und machen sich auf den Weg zu einem der umliegenden Häuser. Auf Paul wartete einer seiner besten Freunde. Sie lassen sich auf der Wohnzimmercouch nieder und beginnen eine wichtige Diskussion über geistliches Wachstum, Gott und das Universum.

Paul

Gott ist Liebe. Deshalb ist sein oberstes Gebot zu lieben. Wenn wir lieben, vermeiden wir alle Arten von negativer Energie um uns herum. Zu lieben ist erhaben, zu vergeben ist notwendig, und

Einfachheit sollte uns leiten. Die Liebe rettet uns vor einem guten Gefühl der Hingabe, der Komplizenschaft, der Zuneigung und der Zuneigung zueinander. Die Liebe lässt uns den Schmerz, das Missverständnis, die Traurigkeit vergessen. Liebe erhebt uns auf eine andere Ebene der Spiritualität. Das ist es, was Jesus von uns in erster Linie will: Ihn über alles zu lieben, uns selbst und andere.

Renato

Zustimmen. Ich liebe meine Pflegemutter, meine Abenteuerpartnerin, meine Freundinnen, meine Freunde und mich selbst. Alles, was ich über Gott, über die Gesellschaft und über die Menschheit studiert habe, weist mich auf diesen Zustand der Liebe hin. Aber das ist nur eine große Fantasie. Gewöhnliche Menschen aus Fleisch und Blut haben oft große Probleme. Wir neigen dazu, unsere Abneigungen zu haben. Zum Beispiel kann ich meinen Vater nicht lieben, weil er mich wie einen Sklaven und nicht wie einen Sohn behandelt hat.

Paul

Hier kommt die Vergebung ins Spiel, lieber Renato. Vergebung befreit dich von Groll. Es reinigt deine Seele. Wir glauben wirklich, dass wir Probleme haben. Das ist die Normalität des Menschen. Wenn wir keine Liebe anbieten können, bieten wir Vergebung an.

Renato

In Ordnung, lieber Meister. Ich habe meine Seele in Frieden. Die Affäre mit meinem Vater liegt in der Vergangenheit. So wie es in der Vergangenheit ist, denke ich nicht mehr darüber nach. Möge Gott dir vergeben, wo immer du bist.

Göttlich

Liebe war eines der ersten Dinge, die ich auf der Welt verstand. Die Liebe zu Gott, die Liebe zu den Eltern, die Liebe zur Familie, die Liebe zu den Verwandten, die Liebe zu den Geschwistern, die Liebe zu den Mitarbeitern, die Liebe zu den Bekannten, die Liebe zu den Anhängern deiner Literatur, die Liebe zum ganzen Universum. Liebe ist das, was mich in vielen Dingen der Welt wirklich bewegt hat. Die Liebe hat mich völlig verwandelt, und ich bin ein besserer Mensch mit Liebe. Es ist eine Schande, dass viele Menschen dies nicht schätzen. Es ist eine Schande, dass in der heutigen Welt die Liebe immer mehr in Vergessenheit gerät und umkämpft wird. Es ist eine Schande, dass viele Menschen nur vom finanziellen Faktor bewegt werden und nicht wirklich von der Liebe. Was für die meisten Menschen zählt, ist das Wirtschaftliche und nicht der Charakter der Person. Doch diejenigen, die von Gott bewegt werden, haben Liebe in sich.

Paul

Die Welt verrottet nach ihren eigenen Regeln. Die Welt ist voll von zunehmend bösen und materialistischen Seelen. Wo ist das Glück des Menschen? Indem wir die Gebote Gottes halten. Darin liegt Gottes Liebe.

Beatrice

Liebe im Wicca läuft darauf hinaus, anderen nichts Böses zu wünschen. Jeder weiß in seinem universellen Bewusstsein, was das Beste für ihn ist. Der freie Wille führt uns also dazu, zwischen Liebe und Böse zu wählen. Zu lieben bedeutet auch, sich selbst in den Vordergrund zu stellen. Lieben heißt auch, sich um sich selbst zu kümmern. Denn wenn wir es nicht tun, wer dann? Im Verständnis der Einsamkeit offenbart sich ihm Gottes Liebe.

Paul

Wer für uns ist, ist nicht gegen uns.

Bergwächter

Die Liebe ist eine große Herausforderung für uns alle, die wir das Elend der Welt durchleben. Liebe zu verstehen ist gar nicht so einfach. Es ist notwendig, die Idee der Liebe in uns als etwas Universelles reifen zu lassen. Es ist etwas, das leicht zu erreichen ist, wenn wir verstehen, dass wir dafür keine großen Rituale brauchen. Liebe ist jedermanns Weg, was uns überrascht, weil sie heilig ist. Die Liebe in ihrer Fülle ist ein Privileg der Wenigen.

Paul

Weil es heilig ist, muss es eine Priorität in unserem Leben sein. Die Liebe Jesu und Gottes zu uns ist etwas, das jenseits unseres Verständnisses liegt. Unsere Nächstenliebe ist manchmal aufgrund unserer Individualität fehlerhaft. Das ist also der Punkt, an dem wir mit der romantischen Liebe enttäuschen. Oft bleibt uns nur die Liebe Gottes, verstanden als universelle Liebe zu allen Geschöpfen. Das reicht fürs Erste. Lasst uns schlafen gehen, denn morgen ist wieder ein besonders wichtiger Tag für uns alle.

Sie alle gehorchen dem Meister. Es war ein toller Tag gewesen. Es war der Beginn einer großen Reise des Wissens. Mögen Sie, die Leser, in der Lage sein, dies auf die bestmögliche Weise zu schlürfen.

In den Landkreis gehen

Die zweite Etappe des Abenteuers hat begonnen. Alle in der Gruppe wandern gemeinsam auf einem ausgewählten Weg im Wald. Wie fühlten sie sich in diesem Moment? Es war eine Gruppe von Profis und Amateuren, die beide wissbegierig waren. Göttlich war der lebhafteste von allen. Als Leiter des Seherteams fühlte er sich für alle verantwortlich. Ihm ging es gut, aber er war begierig darauf, dem Lesepublikum gute Geschichten zu liefern.

Auf der ersten Etappe der Reise nähern sie sich einem Berg der Verlorenen. Die Legende besagt, dass sich viele darin verirrt haben. Paul kannte den Ort jedoch seit seiner Kindheit gut. Er legt also Wert darauf, jedermanns natürlicher Führer im Wald zu sein. Mit seiner Erfahrung gibt er jedem Sicherheit. Damit absolvieren sie ein Viertel der Strecke.

Die Schrillen des Lebens bewegten den Stamm eines jeden von ihnen auf dem Spaziergang. Jeder von ihnen, mit seinen eigenen Überzeugungen, erweckte sein inneres Selbst an diesen mysteriösen Orten. Was sollte mit dieser riesigen, heterogenen Gruppe geschehen? Sie waren sich über nichts sicher. Sie wollten einfach nur den Moment genießen und die Weisheit des Waldes aufsaugen. Es war ein einzigartiger und wunderbarer Moment.

Mit jedem Schritt, den sie taten, schloss sich ein himmlischer Vorhang. Der Durst nach Wissen leitete sie in diesem unermesslichen Boden aus Steinen, Dornen, Wald und Wüste. Mit einer monumentalen Veranlagung blieben sie mit großer Hingabe, Freude und Mut auf dem Weg. Kurz darauf haben sie die Hälfte geschafft.

In der neuen Phase der Herausforderung verzehren beunruhigende Fragen den Rest ihres Verstandes. Wie überlebt man in der Wüste? Wäre der Wald gefährlich? Wie findet man Gott? Es gab viele Fragen ohne abschließende Antworten. Die einzige Gewissheit, die sie hatten, war, dass sie bereit waren, den ganzen Weg zu gehen.

Sie schreiten zügig voran und durchqueren den dichten Wald. Ein riesiges Heer von Dingen durchquert sie: Ameisen, Zikaden, Löwen, Tiger, Schafe, Ochsen und andere Tiere. All das machte sie unendlich glücklich. Sie befanden sich in völliger Harmonie mit der Natur, die sie mit ihren kraftvollen Wurzeln endlos umarmte. Damit absolvieren sie drei Viertel der Strecke.

Der letzte Teil der Strecke ist erfolgreich abgeschlossen. Sie befanden sich genau im Kreisbezirk, einem kleinen Bezirk, der eine kleine Oase in der Wüste war. Sie bleiben auf dem Platz, folgen der lokalen Bewegung und beginnen, sich untereinander auszutauschen.

Paul

Gottes zweites Gebot besagt, dass wir seinen heiligen Namen nicht vergeblich gebrauchen sollen. Das bedeutet, dass Gott Achtung vor seinem Namen verlangt. Wir sollten uns in unseren Gebeten nur nachts und in Situationen großen Unglücks an Gott wenden. Aber benutze Gottes Namen niemals für triviale Dinge in unserer täglichen Routine.

Renato

Verstehe. Übertreibung ist das, was den Menschen tötet. Ich verstehe, dass eine Gottheit etwas Heiliges ist. Wie die Natur, die heilige Wesen hat, muss sie für unseren Glauben respektiert werden.

Beatrice

Es ist eine klare Trennung zwischen dem Geschöpf und dem Schöpfer. Wie kann dich das irdene Gefäß beurteilen? Wie kann das Tongefäß stolz sein, wenn es aus Tonmasse besteht? Er ist ein Beispiel für viele Elitemenschen, die sich anderen überlegen fühlen. Das ist in der heutigen Zeit bedauerlich. Aber was wir in dieser Welt mit Sicherheit wissen, ist der Tod. Und auf dem Friedhof, diesem traurigen Ort, ereilt uns alle das gleiche Schicksal.

Paul

Der Mensch befreit sich von der Erinnerung an den Tod, um mit Freude, Frieden und Ruhe zu leben. Jedes Lebewesen scheint sich des Todes nicht bewusst zu sein. Das ist es, was Lebensenergie gibt. Aber wir dürfen sie nicht vergessen. Die Tode um uns herum werden uns unweigerlich an sie erinnern. In diesem Moment haben wir Angst vor dem, was kommen wird. Wir haben Angst vor dem Unbekannten und wollen gar nicht sterben. Es gibt eine schöne Geschichte über den Himmel, aber niemand will hin. Es gibt die Erwartung und den Glauben an ein Leben nach dem Tod, aber niemand möchte der Erste sein, der es erlebt. Es gibt die Erwartung eines besseren Lebens nach dem Tod, aber wir würden lieber darin leiden, als sterben zu müssen. Wir ziehen die Illusion, ewig zu leben, der Realität des Todes vor. Aber eines Tages kommt der Tod, er kommt wie ein Dieb mitten in der Nacht. Und mit dem Tod kommen die Gerichte über das, was wir auf Erden Gutes und Schlechtes getan haben.

Bergwächter

Warum gibt es unterschiedliche soziale Schichten? Sind wir nicht alle Kinder desselben Vaters?

Paul

Ungleichheit wird durch den Kapitalismus verursacht. Die Wirtschaft selbst begünstigt Unternehmer, die ihre Mitarbeiter ausbeuten, um Wohlstand zu schaffen. Während Unternehmer Millionen oder sogar Milliarden mit ihrem Geschäft verdienen, verdient der Arbeitnehmer etwa einen Mindestlohn, der in Brasilien etwa dreihundert Dollar beträgt. Ist das fair? Das hängt von Ihrem Standpunkt ab. Für den Unternehmer gibt es den Faktor des Unvorhergesehenen und dies rechtfertigt sein höheres Einkommen. Der Arbeitnehmer hingegen hat Urlaub, das dreizehnte Gehalt, Freizeit und sein Gehalt am Ende des Monats garantiert. Es ist der Lohn des Überlebens, aber es ist etwas, das dir Stabilität gibt. Der Unternehmer hingegen hat keine Stabilität.

Göttlich

Wie kann finanzielle Ungleichheit überwunden werden?

Paul

Unmöglich in der Form der Gesellschaft, die wir heute haben. Aufgrund unseres Wirtschaftsmodells wird es immer Arbeitslosigkeit, Hunger, Reiche, Millionäre, Arme und Milliardäre geben. Es wäre schön, wenn Milliardäre und Millionäre ihr Geld mit den weniger Glücklichen teilen könnten. Aber die Welt ist egoistisch. Die Menschen denken nur an sich selbst. Die Menschen interessieren sich nur für das, was sie betrifft. Menschen lieben und fühlen sich von Geld, Macht, Einfluss und sozialem Status angezogen.

Göttlich

Bedeutet das, dass es eine Lösung für den Hunger in der Welt gibt?

Paul

Wenn die Herrscher und die außerordentlich Reichen die Hungersnot lösen wollten, würde es geschehen. Aber es gibt keinen guten Willen. Während Millionen unglücklicher Menschen leiden, ist weniger als ein Prozent der Weltbevölkerung sehr wohlhabend. Die soziale Ungleichheit ist eklatant und vertreibt die Menschen.

Das Gespräch bricht sofort ab und sie beginnen durch den Landkreis zu schlendern. Es war ein wunderschöner Ort, mit historischen Denkmälern, aufgeschlossenen Menschen, vielen Kindern, Jugendlichen und Erwachsenen. Die Wüste war ein unwirtlicher, herausfordernder, aber wunderschöner Ort. Warten Sie auf die nächsten Kapitel.

Lebe nicht nur, um zu arbeiten

Die dritte Etappe des Abenteuers beginnt. Die Gruppe setzt sich im Wald vor uns in Bewegung, wo es viel Boden zum Laufen gibt. Wie fühlten sie sich jetzt? Sie waren froh, zwei Herausforderungen gemeistert zu haben. Der Erfolg der vorherigen Herausforderungen führte sie zu dem Glauben, dass alles glücklicher, liebevoller und entgegenkommender sein würde. Aber genau das Gegenteil könnte passieren, auch wenn sie es nicht wollten.

In der Ferne hören sie die Wölfe heulen und zittern. Im Wald spazieren zu gehen war zu gefährlich und sie waren sich dessen bewusst. Was taten sie, um sich angesichts der drohenden Gefahr zu schützen? Sie beteten zu ihren Beschützern. Damit fühlen sie sich mit sich selbst im Reinen. Sie gingen vorwärts, in der Gewissheit, dass sie vor jeder Bedrohung sicher waren.

Nach und nach dringen sie durch die schwierigen Mäander des Waldes vor. Ein Stück weiter absolvieren sie ein Viertel der Strecke. Es war der erste Erfolg des Tages, und sie sind froh, dass ihrem Ziel nichts im Wege steht. Wie glücklich sie mit so wenig waren. Sie waren Beispiele dafür, dass sich der Kampf gelohnt hat.

Vor ihm lag das Universum, ein wenig verlassen, ein kleiner Wald. Es war, als ob das Universum sie alle umarmte, in einem großen Ritual der Liebe, des Wohlstands und der Freude. Mit dem Bewusstsein der Rolle, die sie im Leben ihrer Leser spielten, fuhren unsere Figuren mit der Gewissheit fort, dass in ihren Köpfen alles klar war. Es war eine geschlossene, koordinierte und fantastische Gruppe. Absolut nichts konnte ihrer Erfahrung im Wege stehen.

Was wussten sie wirklich über sich selbst? Außerordentlich wenig. Deshalb wollten sie bei diesem intensiven Erlebnis in der Wüste mehr herausfinden. Mit der Hilfe von Meister Paulus, der ein erfahrener Christ war, möchten sie sich in diese Richtung entwickeln. Und sie waren glücklich, alle zusammen zu sein, in einem großen Ritual der Kommunion. Ein Stück weiter haben sie die Hälfte geschafft.

In der nächsten Etappe suchten sie nach dem Dorf Macau, einem verlorenen Ort in der Wüste, voller Geheimnisse und Reize. Deshalb ging die Gruppe mit großem Verlangen zusammen, summte und bewegte sich mit großer Bereitwilligkeit. Sie waren so gut gelaunt, dass sie den Preis für die beste Gruppe des Jahres gewinnen konnten.

Zwischen Stopps und Vorstößen befinden sie sich zu drei Vierteln des Weges. Die neue Errungenschaft lässt sie es eilig haben, alles zu verwirklichen. Aber das könnte ein großer Feind von ihnen allen sein, denn Eile ist der Feind der Vollkommenheit.

Im letzten Teil der Route kommen sie ohne größere Schwierigkeiten voran und haben Zugang zum Dorf Macau. Sie versammeln sich auf einem Platz und beginnen, über kritische Themen zu debattieren.

Paul

Halten Sie die heiligen Tage ein und arbeiten Sie nicht an diesen Tagen. Es ist gut für einen Mann, sechs Tage die Woche zu arbeiten, aber am siebten Tag ruht er sich aus. Er sollte auch an den wichtigsten religiösen Feiertagen ruhen. Feiert an diesen Tagen eure Vereinigung mit Gott im Gebet, das an ihn gerichtet ist. Bittet um Frieden, Gesundheit, Freude, Brüderlichkeit, Liebe, Einheit, Vergebung, Gerechtigkeit und Gemeinschaft unter den Völkern.

Renato

Was hältst du von diesen Leuten, die nur arbeiten?

Paul

Das ist unnötig. So oder so, wir nehmen nichts von dieser Welt von meinem Gott. Warum also jeden Tag arbeiten, nonstop? Nur, wenn es sich um eine äußerste Notwendigkeit handelt. Aber wir müssen uns eine Auszeit nehmen. Wir müssen zwischen Arbeit und Freizeit wechseln und so unseren Geist lüften. Wir nehmen nur die guten Zeiten dieser Welt. Welche beruflichen Erfahrungen haben Sie gemacht?

Bergwächter

Ich bin eine Mutter, die zu Hause bleibt. Dieser Beruf wird von Männern total unterschätzt. Wir putzen das Haus, waschen es, kochen Essen und kümmern uns um die Kinder. Es ist eine unsichtbare Arbeit, die getan werden muss.

Renato

Ich arbeite im Handel. Es ist eine anstrengende, aber lohnende Arbeit. Zu sehen, dass ich mich in meiner Rolle als Ladenverkäufer gut geschlagen habe, gibt mir Hoffnung auf eine gute Zukunft. Ich helfe vielen Menschen bei der Wahl ihrer Kleidung und Schuhe. Sie loben meinen Service in den höchsten Tönen.

Beatrice

Ich bin Kunsthandwerker. Ich verkaufe Puppen aller Art. Ich mache auch Kleidungsstücke mit schönen Motiven. Mein Einkommen als Selbstständiger ist gering, aber es macht mich unglaublich glücklich. Ich mache, was mir gefällt und habe meine eigene Unabhängigkeit.

Göttlich

Ich bin bereits in meinem dritten Job als Beamter. Ich hatte auf keiner Position, die ich mir ausgesucht habe, Glück. Überall, wo ich hinkomme, scheinen sie mich nicht bei der Arbeit haben zu wollen. In allen drei Jobs wurde ich gefragt, ob ich die Versetzung wolle, aber ich lehnte ab, um meinen Feinden nicht zu gefallen. Obwohl ich bei der Arbeit gutes Geld verdiene, erfüllt mich am meisten meine Arbeit als Schriftstellerin. Es ist eine Schande, dass ich nicht genug von einem Verkauf bekommen kann, um das Haus zu behalten. Vielleicht würde es sogar reichen, wenn ich alleine ginge. Aber ich trage die Verantwortung, vier Menschen zu unterstützen. All das lässt mich mit der Gewissheit zurück, dass ich von Literatur allein nicht überleben kann. Ich gehöre zu den neunundneunzig Prozent der Schriftsteller, die nicht allein von der Literatur leben können.

Paul

Vielen Dank, dass Sie Ihre Arbeitserfahrungen mit uns geteilt haben. Ich bin ein Missionar Christi. Meine Aufgabe ist es, Seelen für meinen Gott zu gewinnen. Ich lehre den Weg Christi, damit sich die Menschen durch sein Beispiel inspiriert fühlen, sich zu ändern. Mein Ruhm wuchs in der ganzen Region, und ich musste mich in einer Höhle verstecken, um mich vor den Verschwörern zu schützen. In diesem Teil Ägyptens gibt es viele Verfolgungen gegen Christen. Ich bin froh, dass Gott uns bisher beschützt hat.

Göttlich

Danke für dein inspirierendes Beispiel des Glaubens. Das bewegt uns. Als Arbeiter, der viel gelitten hat, muss ich mich von etwas inspirieren lassen, um mich nicht vom schlechten Einfluss anderer kontaminieren zu lassen. Es ist so schmerzhaft, diese Last im Bewusstsein von vier Menschen tragen zu müssen. Ist das meine Mission, Paulus?

Paul

Absolut. Wenn Gott dir diese Mission gegeben hat, dann nimm sie so gut du kannst. Das ist nicht gut. Aber wenn nur deine Geschwister dich haben, was machst du dann in dieser Situation? Nichts. Im Gegenteil, freue dich, denn du hast eine Möglichkeit, dich selbst zu unterstützen und trotzdem deinen Brüdern zu helfen.

Göttlich

Wahrheit. Ich schätze meine Arbeit jeden Tag.

Das Treffen löst sich auf und sie machen einen Spaziergang durch das Dorf. Ein Moment der Muße in einem Moment des großen gegenseitigen Lernens. Sie freuten sich über jede bewältigte Etappe und setzten ihren Weg mit grenzenloser Freude fort.

Ehre deinen Vater und deine Mutter

Die Gruppe kehrte in die Höhle zurück. Von da an besprachen sie die Dinge auf einmal.

Paul

Ehre deinen Vater und deine Mutter. Ehre deine Familie. In der Stunde der Not wirst du ihre Unterstützung brauchen. Während viele Freunde uns verlassen, wenn wir krank sind, bleibt die Familie. Wen ist also zu schätzen? Denk darüber nach.

Göttlich

So erging es meinem Freund von der Arbeit. Während ich mich sieben Jahre lang mit Aufmerksamkeit, Zuneigung und Hingabe hingab, vergaß er mich schnell. Es sind bald vier Jahre Remote-

Arbeit, und er hat mich noch nicht einmal besucht. Aber es ist verständlich. Ich musste ihn von den sozialen Medien sperren, damit er nicht mehr leiden musste. Ich habe ihm die Vergessenheit gegeben, die er verdient hat, und ich bereue es nicht. Heute geht es mir ohne ihn viel besser.

Bergwächter

Ich bin froh, dass du darüber hinweggekommen bist, göttlich. Du bist ein wirklich netter Mensch und verdienst es, unglaublich glücklich zu sein. Vergiss es endlich. Wenn er dich schätzte, würde er dich vier Jahre lang nicht vergessen.

Göttlich

Es war die Magie dieser Frau, die ihn überwältigte. Sie ist sogar seine Geliebte. Beide verdienen einander. Er wurde leicht von einem Zauberer oder Alkohol überwältigt. Ich bin mir nicht sicher, was passiert ist. Ich weiß nur, dass Gott in krummen Zeilen richtig schreibt. Es sollte nicht meins sein.

Beatrice

Denken Sie nicht mehr darüber nach. Denke nicht an die Zurückweisungen, die dich so sehr leiden ließen. Die Wunde noch einmal zu durchleben ist kein guter Plan. Freuen Sie sich für sich selbst. Deine Geschichte ist wunderbar, göttlich. Sie sind Schriftsteller und haben in mehr als dreißig Sprachen veröffentlicht. Das ist eine beachtliche Leistung für einen unabhängigen Autor. Nur zu, und Gott segne Sie.

Göttlich

Vielen Dank für Ihre Rücksichtnahme, mein Freund.

Renato

Ich hatte Glück mit ein paar Lieben. Ich hatte einige gute Momente, aber das war es auch schon. Ich schätze meine Freiheit. Ich ehre meine Mutter und meinen Abenteuerpartner. Periode.

Göttlich

Danke für meinen Teil, Freund.

Die Gruppe willigt ein und legt sich für eine Weile hin, denn es war Sonntag. Es war gut, den Tag zu genießen, der fantastisch war.

Du sollst nicht töten

Paul

Es steht geschrieben, dass du nicht töten sollst. Du wirst deinen Nächsten respektieren, indem du dich um ihn kümmerst und über sein Leben wachst. Das Leben ist etwas Heiliges, das Gott uns gegeben hat, und niemand kann es uns nehmen. Jeder, der das Leben versucht, verdient keine Vergebung.

Renato

Wenn es sich jedoch um Selbstverteidigung handelt, tun Sie es. Es ist besser, wenn der Schurke stirbt, als dass du dein Leben verlierst. Gott wird das zu verstehen wissen.

Paul

Die Ehe zwischen einem Paar sollte respektvoll sein. Du sollst nicht ehebrechen. Wenn du deinen Partner noch nicht liebst, trenne dich zuerst und hol dir, was du willst. Aber verraten Sie nicht. Es tut sehr weh und prägt uns für immer.

Bergwächter

Mit Ausnahme der offenen Ehe, bei der beide andere Partner haben können. Wenn wir eine Vereinbarung haben, spielt das alles keine Rolle.

Paul

Du sollst nicht stehlen. Lebe vom Schweiß deiner Arbeit. Ob du gut oder schlecht lebst, begehre nicht die Güter anderer. Es ist besser, mit wenig zu leben, aber mit Ehrlichkeit und Würde. Sei glücklich mit dem Wenigen, dass du hast.

Göttlich

Ich lebe von meinen Jobs. Ich gebe nicht aus, was ich nicht habe. Ich arbeite alle drei Stunden und habe ein gutes Leben mit Gottes Gnade. Ich bin gesund, ich habe mein Essen, wenn ich ausgehen will, ich reise. Ich kann meine Kleidung, meine Unterwäsche, meine Hemden kaufen, ohne jemanden zu fragen. Wie gut es ist, zu arbeiten und sein Gehalt zu haben.

Paul

Du sollst kein falsches Zeugnis ablegen gegen deinen Nächsten. Übrigens sollten Sie sich um Ihre eigenen Angelegenheiten kümmern. Wenn du das Leben eines anderen kommentieren willst, lass ihn etwas Positives kommentieren. Wenn es darum geht, über das Leben des anderen zu sprechen, sollen es Worte der Unterstützung und Anerkennung eines Werkes sein.

Beatrice

Gott sei Dank habe ich nie jemanden diffamiert. Ich lebe mein Leben mit meinen Kräutern, mit meiner Magie, mit meinen Freunden. Ich habe gelernt, alle Wesen zu respektieren. Und so habe ich mich selbst gefunden.

Paul

Das waren die Zehn Gebote, die Gott uns in der Tiefe hinterlassen hat. Nutzt sie effektiv, junge Menschen. Setzen Sie dies in Ihrer Routine in die Praxis um. Und dann wird Gott im Herzen zu dir sprechen und dich segnen. Liebt einander und habt Glück in allen Lebensbereichen. Es ist alles ausgearbeitet. Ich verabschiede mich nun von Ihnen. Vielen Dank für die Gelegenheit.

Paul löste sich in Rauch auf, und die Zusammenkünfte wurden abgesagt. Er war ein bemerkenswertes Beispiel eines Christen für alle, die ihn hören konnten. Jetzt ging es nur noch darum, vorwärts zu kommen, und nur das Glück würde kommen.

Liebe zwischen Eltern und Kindern

Wie soll das Verhältnis zwischen Eltern und Kindern sein? Eltern haben die Pflicht, sich um ihre Kinder zu kümmern, wenn sie jung sind. Aber wenn sie erwachsen sind, müssen Kinder Verantwortung übernehmen, Flügel bekommen und in die Welt hinausgehen, um Unternehmer zu werden. Es ist sogar normal, dass Kinder auf der Suche nach besseren Lebensbedingungen in eine andere Stadt ziehen. Und dort können sie heiraten, eine Familie gründen und ein von ihren Eltern unabhängiges Leben führen.

Meine Familienerfahrung war ein bisschen bedrückend. Es stimmt, meine Eltern liebten mich, aber sie waren zu beschützend. Wenn dies geschieht, schadet dies der Entwicklung des Kindes oder Jugendlichen. Vor allem meine Mutter, sie wollte sich nicht von mir trennen. Sie wollte mit mir im selben Haus wohnen. Und so geschah sein Wille bis in die letzten Tage seines Lebens. Insgesamt lebte ich siebenunddreißig Jahre bei meiner Mutter. Sie starb im Alter von achtzig Jahren und wurde liebevoll Julia genannt.

Obwohl meine Mutter mir auferlegte, bei ihr zu wohnen, bestand ich eine Beamtenprüfung in der Nähe meines Zuhauses. So konnte ich arbeiten und gleichzeitig in der Nähe meiner Mutter sein. Es ist drei Jahre her, dass sie gestorben ist, und ich werde sie in meinem Herzen sehr vermissen. Sie war eine gute Frau, die mich in meinem Studium und in meinem Privatleben voll unterstützt hat. Ich spürte, dass meine Mutter mich wirklich liebte, auch wenn sie in manchen Dingen nicht mit mir übereinstimmte. Aber das ist in jeder Familie oder Person normal.

Um auf die Debatte über die Beziehung zwischen Eltern und Kindern zurückzukommen: Eltern sollten ihre Kinder in den Regeln der Ehrlichkeit und der Arbeit erziehen. Kinder sollten ihren Eltern gehorsam sein, solange sie Kinder oder Jugendliche sind. Sobald sie erwachsen sind, sollten Kinder arbeiten und ihr Leben anderswo suchen, weit weg vom Einfluss ihrer Eltern. Es ist Teil des Reifeprozesses, mit neuen Dingen zu experimentieren und Verbesserungen in deinem Leben vorzunehmen.

Sollen Kinder im Alter auf ihre Eltern aufpassen? Ich glaube schon. Denn wenn das Kind sich nicht darum kümmert, wer kümmert sich dann um die Eltern? Auch wenn es aus Dankbarkeit geschieht, aber Kinder sollten sich bis an ihr Lebensende um ihre Eltern kümmern. Ältere Menschen sollten nicht ins Pflegeheim gehen. Sie müssen von der Familie versorgt werden. Ich bewundere, wie viele Menschen in ein Pflegeheim geworfen werden, ohne Rücksicht auf ihre Familien. Auch wenn du niemandem etwas Böses wünschst, kannst du sicher sein, dass das Gesetz der Rückkehr niemals versagt. So wie du deinen Vater im Alter verlassen hast, kannst du das auch.

Die schlechten Situationen des Lebens hinterlassen unverheilte Wunden. Und das behindert unsere Entwicklung als Person

Wir sind die Summe unserer lebenslangen Erfahrungen. Und diese Erfahrungen können uns sowohl positiv als auch negativ beeinflussen. Wenn sie sich negativ auf uns auswirken, neigen wir dazu, innere Wunden und eine Art Panzer zu schaffen, um uns vor zukünftigen Problemen zu schützen. Wenn sie uns positiv beeinflussen, neigen wir dazu, richtigere Entscheidungen zu treffen.

Wie gehen wir mit unseren inneren Wunden um? Wir müssen den Prozess der therapeutischen Heilung anstreben. Mit Hilfe eines Fachmanns können wir uns weiterentwickeln und Ziele und Prioritäten für unser persönliches Leben setzen. Mit der

Erfahrung des konsultierten Fachmanns können wir endlich die Wurzel des Problems verstehen und nach Lösungen für unser persönliches Wachstum suchen.

Das Tragen einer Schutzrüstung ist nicht der beste Ausweg aus unseren emotionalen Problemen. Im Gegenteil, es behindert ein aktives und gesundes Leben. Mit dem Bewusstsein, dass unser Leben aus Risiken besteht, ist es besser, die menschlichen Beziehungen, die uns vervollständigen, einzugehen und zu suchen. Suchen Sie in dieser Phase nicht nach Perfektion bei anderen. Sucht das Mögliche und ihr werdet ein Universum von Möglichkeiten bei euch haben.

Wechseln Sie zur Wiederholungsmethode. Wenn es beim ersten Mal nicht geklappt hat, versuchen Sie es beim zweiten, dritten, vierten Mal, so oft wie nötig. Gib nur dein Glück nicht auf. Unser Glück ist zu kostbar, um weggeworfen zu werden.

Die wahre Liebe zwischen dem Paar ist die Komplizenschaft zwischen dem einen und dem anderen

Liebe ist eine mächtige Flamme, die Paare miteinander verbindet. Probleme werden in einer Beziehung unvermeidlich sein, aber wenn du Liebe hast, ist alles überwunden. Etwas, das die Beziehung verbessert, ist die Komplizenschaft eines Paares. Wenn wir uns sicher sind, dass der andere uns liebt, dann geben wir uns dieser unglaublich besonderen Leidenschaft umsonst hin.

Wenn du dich in den Handlungen deines Partners nicht sicher fühlst, ist es an der Zeit, die Beziehung zu überdenken. Lohnt es sich wirklich, so viel zu geben, wenn die andere Person nicht auf die gleiche Weise reagiert? Sich nur mit Krümeln zufrieden zu geben, ist ein großer Fehler des Menschen. Ich kenne meinen Wert. Ich weiß, dass Gottes Liebe für mich groß ist. Ich weiß, dass ich Selbstliebe habe, und wenn ich mit jemandem zusammen bin, dann deshalb, weil es etwas Gegenseitiges ist. Aber wenn sie mich nicht wertschätzen, werde ich meine Träume in einer anderen Pfarrei suchen.

Es gibt verschiedene Fälle, die zu bewerten sind. Aber wenn man studiert hat, wenn man finanziell unabhängig ist, wenn man arbeitet, dann muss man sich nicht mit wenig zufrieden geben. Wir müssen immer das Beste für uns selbst wollen. Wenn uns niemand etwas Wahres anbietet, ist es besser, allein zu sein, aber mit Frieden und Freude im Herzen. Oft lehrt uns die Einsamkeit ein wenig über Gott, das Universum und uns selbst. Wenn du dich auf eine innere Pilgerreise begibst, wirst du schließlich die ganze Wahrheit entdecken.

Alleinleben hat Vor- und Nachteile

Ich lebte vier Monate allein in Rio Branco. Ich wohnte in einer Wohnung, die bemerkenswert nah an meiner Arbeit lag. Es war eine erstaunliche Erfahrung, alleine zu leben. In gewisser Weise mochte ich es, weil ich meine Freiheit hatte, zu kommen und zu gehen. Allein zu leben ist der Lackmustest für unser persönliches Leben. Es ist ein Beweis dafür, dass Sie erwachsen sind. Es ist ein Beweis dafür, dass du gewachsen bist.

Aber in meinem Fall fand ich es nicht so gut. Ich lebte viel alleine. Wenn ich krank wurde, hatte ich niemanden, der sich um mich kümmerte. In den vier Monaten, die ich allein lebte, erhielt ich keinen intimen Besuch von einem Mann. Ich habe gerade einen Freund aus einer anderen Stadt zu Gast gehabt, der zu einer Party in die Stadt kam. Aber dieser Freund von mir war schon engagiert und hat sich nicht mit mir angelegt.

Kurz gesagt, es lohnt sich nicht, im Ausland zu leben, wenn man nicht an Einsamkeit gewöhnt ist. Es ist sehr schrecklich, allein zu leben. Es ist besser, bei der Familie zu bleiben, auch wenn man keine Freiheit hat. Ich zahle den Preis dafür, dass ich bei Verwandten lebe. Aber ich bin glücklich mit meiner Wahl. Von zwei Übeln wähle das geringste.

Sparen Sie das Geld, das Sie heute übrig haben, um Ihre Zukunft morgen zu sichern. Die Wirtschaft kann stark schwanken und Ihnen Verluste bringen, insbesondere wenn Sie selbstständig sind. Das Geld, das Sie übrig haben, investieren Sie so, dass es sich schnell vermehrt. Wenn Sie das tun, sind Sie vorsichtig.

Greifen Sie nicht auf unnötige Kredite zurück. Lebe von dem, was du verdienst. Du willst kein Leben der Extravaganz führen, wenn du es nicht kannst. Viele gehen in den Ruin, wenn sie unnötig Geld ausgeben.

Wenn Sie einen Lottogewinn gewinnen, investieren Sie mindestens die Hälfte des Geldes, damit es verzinst wird und Ihre Zukunft sichert. Gib den Rest für Sozialarbeit und die Hilfe für Familienmitglieder aus. Sei Gott und dem Leben dankbar für diesen Lottogewinn, denn es ist schwer, es zu tun.

Setzen Sie nicht alle Chips in ein einziges Einkommen. Diversifizieren Sie Ihre Anlagen

Verlassen Sie sich niemals nur auf eine einzige Einnahmequelle. Recherchieren Sie die verschiedenen Einkommensarten und führen Sie die Jobs aus, die am besten zu Ihrem Profil passen. Mit mehreren Einkommensquellen wird Ihre finanzielle Gesundheit konsistenter sein.

Informieren Sie sich unter anderem über Schreiben, Journalismus, Content Creator, E-Commerce, Übersetzung, Produkte. Mit dem verdienten Geld sollten Sie wissen, wie Sie in die besten Arten von Finanzeinkommen investieren können. Die Kombination dieser Faktoren wird Ihnen den finanziellen Wohlstand bringen, von dem Sie immer geträumt haben.

Heutzutage haben wir die Möglichkeit, über das Internet zu arbeiten, was vor Jahrzehnten noch vorstellbar war. Heutzutage verliert die traditionelle Beschäftigung immer mehr Raum an Internetunternehmer. Aber es ist auch eine riskante Investition. Es gibt keine Stabilität im Internetgeschäft. Daher ist es manchmal besser, den traditionellen Job zu behalten, während wir nicht in der Lage sind, von den Internetmieten zu überleben.

Es lohnt sich, Kinder zu bekommen, aber nur für diejenigen, die genug Geld und Zeit haben

Einer meiner Träume war es, Kinder zu haben. Lange Zeit in meinem Leben wollte ich Kinder haben. Aber es war aus mehreren Gründen nicht möglich. Also beschloss ich, kinderlos und Single zu sein. Ich mache mir Sorgen um mein Alter. Wer kümmert sich um mich? Aber ich werde mir jetzt keine Sorgen machen. Ich bin noch ein junger Erwachsener, erst vierzig. Es ist noch eine lange Zeit, bis ich alt werde.

Solange ich nicht alt bin, werde ich mein Leben nach besten Kräften genießen. Im Moment arbeite ich nur zu Hause, und ich gehe wenig aus. Normalerweise ist meine Schwester diejenige, die am meisten ausgeht. Mit dem Geld, das ich ihr gebe, wird sie in der Stadt einkaufen gehen. Ich gehe nicht auf Partys, weil sie alle zu spät stattfinden und ich wegen meines psychiatrischen Problems nicht um den Schlaf bringen kann. Wenn ich nachts nicht schlafen kann, verletze ich mich sehr. Meine Routine ist also ziemlich eintönig. Was das Reisen betrifft, so mache ich nicht sehr wenige. Die meisten Reisen, die ich mache, sind in der Nähe, zu den Häusern von Verwandten. Warum reise ich so wenig? Weil ich kein Auto habe und andere Leute nicht belästigen möchte. In meiner Region machen Reisebüros nicht oft Tourismus. Das ist der Grund, warum ich nicht reise.

Wir befinden uns im alten Paris. Göttlich und seine Gruppe stellen sich dem großen lokalen Winter. Bei Sonnenuntergang sind sie verzückt, als sie mehrere außerirdische Raumschiffe vom Himmel herabsteigen sehen. Einer der Fremden kommt ihm entgegen.

Ingino

Ich bin ein Außerirdischer. Ich komme auf einer Mission des Friedens. Wer bist du?

Göttlich

Mein Name ist göttlich. Ich bin Schriftsteller und Beamter. Ich bin seit siebzehn Jahren Schriftsteller und seit fünfzehn Jahren Beamter. Es sind zwei tolle getrennte Wanderungen. Mein Ziel als Beamter ist es, meine soziale Funktion in der Öffentlichkeit zu erfüllen. Auf diesem Weg als Beamter habe ich Tausenden von Menschen geholfen, ihre Rechte zu bekommen. Auf dem Weg des Schreibens schrieb ich die Seher-Reihe, Selbsthilfebücher, Religion und Weisheit. Mein Ziel ist es, mit Wissen einen Beitrag zu leisten und der Welt meinen Stempel aufzudrücken. Dank meines Vaters bin ich in beiden Bereichen glücklich.

Bergwächter

Ich bin der Ahnengeist des heiligen Berges Ororubá. Mein Ziel ist es, jungen Menschen alles beizubringen, was die Spiritualität verlangt. Ich war die erste Lehrerin der Seherin, und ich bin bis heute mit ihrem literarischen Wirken verbunden.

Beatrice

Ich bin ein Schulkamerad des Sehers und ein Lehrer der Wicca-Religion. Durch Bücher kann ich ein wenig von dem zeigen, was ich über die Welt weiß. Ich habe über ein bisschen von allem gesprochen, und ich liebe es, Teil solcher konstruktiven Geschichten zu sein.

Renato

Ich bin der beste Freund des Hellsehers. Vom ersten Abenteuer an, in dem es um die gegnerischen Kräfte ging, zeichne ich mich dadurch aus, dass ich schwierige Probleme lösen kann. Was bringt es uns?

Ingino

Ausgezeichnete Wahl für Erdlinge. Ich wähle dich, um eine gute Botschaft an die Welt zu senden. Wir behalten das Land im Auge. Bitte kümmern Sie sich besser um den Planeten. Wir erkennen, dass die natürlichen Ressourcen auf irrationale Weise zerstört werden. Wenn es so weitergeht wie bisher, werden wir große Verzögerungen für die Erde haben. Solange der Mensch die Bedeutung des Planeten Erde für sein eigenes Überleben nicht erkennt und eine nachhaltige Entwicklung betreibt, wird die Welt zunehmend in Verruf geraten.

Göttlich

Was sollen wir tun?

Ingino

Sei rational. Denken Sie nicht nur an das Geld. Der wahre Reichtum sind die natürlichen Ressourcen. Solange sie das nicht erkennen, wird die Welt hoffnungslos sein.

Göttlich

Ich trage meinen Teil dazu bei, aber wir haben keine Entscheidungsgewalt über die Weltkollektivität. Nur große Männer könnten das in der Welt ändern, aber sie wollen es nicht. Sie würden lieber ihre Wünsche befriedigen, die Wirtschaft wachsen zu lassen, als sich um die Welt zu kümmern. Das ist die große Wirklichkeit.

Ingino

Das Schicksal dieser Welt ist also Chaos.

Der Außerirdische kletterte in das Schiff und flog über den gesamten Ort. Plötzlich verschwinden sie spurlos am Horizont. Es war ein weiterer gescheiterter Versuch, die Entwicklung zu stoppen. Das ist eine Schande für die Welt.

Können wir eine gesunde und ethische Sexualität haben?

Kann ich etwas gegen meine Sexualität tun? Dose. Aber nicht alles passt zu mir. Es gibt einige schreckliche Dinge, die einfach aus meiner Ethik herauskommen. Ich akzeptiere oder beteilige mich nicht an: Verrat, Pädophilie, Zoophilie, Beziehungen zu Verwandten, Aufenthalt bei einem verheirateten Mann, unter anderen traurigen Dingen. Ich möchte lieber das Richtige tun und ein gutes Gewissen haben.

So sehr du dein Herz nicht beherrschst und dich in einen verheirateten Mann verliebst, ist es unethisch, sich auf ihn einzulassen. Es sind diese Handlungen, die in Gottes Augen nicht gut angesehen werden. Ich ziehe es also vor, mit meinem Gewissen in Ordnung zu sein, und meine Beziehung zu Gott ist auch besonders wichtig.

Es stimmt, dass ich mich mehrmals in die falsche Person verliebt habe und das hat mir nur geschadet. Aber das passierte, als ich noch unglaublich jung war. Es war eine Zeit des Lernens, in der ich mich selbst als Mensch entdeckte. Fehler zu machen ist üblich. Wir alle sündigen. Im Irrtum zu verharren, ist eine große Dummheit.

Ist es möglich, einen reichen Mann mit einem armen Mann zu lieben?

In diesem Leben ist alles möglich. Aber in diesem Fall ist es ziemlich unwahrscheinlich. Heutzutage ist die Welt sehr materialistisch. Die Menschen gehen mit finanziellem Interesse aufeinander zu. Achten Sie also darauf, nicht auf einen Finanzbetrug hereinzufallen.

Das ist der Grund, warum so viele Menschen ihm nicht vertrauen. Sie ziehen es vor, mit Menschen der gleichen sozialen Schicht in Beziehung zu treten. Du siehst doch keine Schauspielerin, die einen Maurer heiratet, oder? Wir sehen, wie Schauspielerinnen mit Sängern, Regisseuren oder Managern in Beziehung treten. Das nennt man also Dating mit der gleichen sozialen Klasse.

Viele wohlhabende Menschen leiden unter Einsamkeit, weil sie Angst haben, ihr Vermögen an andere zu verlieren. Meiner Meinung nach haben sie völlig recht. Wenn wir jemanden nicht gut kennen, ist es besser, auf der sicheren Seite zu sein. Manchmal ist das Alleinsein die einzige Option für diejenigen, die keine unnötigen Risiken eingehen wollen.

Eine gesunde Ernährung ist für die Gesundheit unerlässlich

Ich ernähre mich besonders gut. Ich treibe auch Sport, arbeite in allen drei Schichten und bin selten unterwegs, weil ich kein Auto habe. Es ist, wie mir ein Arzt einmal sagte: Um gut und ohne Krankheiten zu leben, hängt fünfzig Prozent von der Ernährung und fünfzig Prozent von der Genetik ab.

Regelmäßiger Sport ist auch besonders gut für den Körper. Bewegen Sie sich mindestens dreißig Minuten pro Tag. Wenn Sie können, gehen Sie auch ins Fitnessstudio. Mache auch psychologische Beratung und habe einen guten Freund, bei dem du dich austoben kannst. Die Gesundheit des Körpers hängt vom Geist ab.

Ich bin vierzig Jahre alt und habe aufgrund meiner Körperpflege keine größeren gesundheitlichen Probleme. Wenn Sie also gesund sein wollen, essen Sie nicht alles, was Sie wollen. Denken Sie darüber nach, was schlecht für Sie ist, und vermeiden Sie es. Essen Sie gesunde Lebensmittel und leben Sie in den kommenden Jahren länger mit Liebe und Gesundheit.

Der Sieg gehört bereits dir

Sei nicht traurig über die Enttäuschungen und Misserfolge des Lebens. Sie existieren, um Ihrem Lebenslauf Erfahrung zu verleihen. Heben Sie den Kopf, reformieren Sie Ihre Ziele und ziehen Sie in den Kampf. Solange es Hoffnung gibt, werde ich an meine Träume glauben.

Ich wollte schon immer den Film meines Lebens machen. Also schickte ich meine Drehbücher an Produktionsfirmen, die sie ablehnten. Ich war ziemlich traurig, aber ich gab nicht auf. Also kaufte ich mir ein Animationsprogramm und drehte den Film. Obwohl ich mit meinen Filmen keinen finanziellen Gewinn gemacht habe, habe ich mir meinen Traum erfüllt, meine Geschichten in etwas Reales zu verwandeln. Es geht also nicht nur um Geld. Manchmal ist unsere Zufriedenheit nicht finanzieller Natur. Manchmal sind wir glücklich über die einfache Tatsache, Träume zu verwirklichen, und das ist etwas, das uns niemand nehmen kann.

Ich war auch zwei Jahre lang Komponist. Ich bin Dichter. Das hat es mir leichter gemacht, einige Songs zu schreiben. Ich habe ungefähr zwanzig unabhängige Songs aufgenommen. Da es mich aber auch Geld und keine finanzielle Rendite gekostet hat, habe ich aufgegeben. Ein Lied von einem berühmten Sänger aufnehmen zu lassen, ist außerordentlich schwierig. Aber ich habe mir meinen Traum erfüllt, meine Songs aufnehmen zu lassen.

Ich habe nach langer Zeit wieder angefangen zu schreiben. Wie Sie wissen, ist das Schreiben eine Tätigkeit, die viel Hingabe und Investitionen erfordert, und wir haben wenig finanzielle Rendite. Deshalb habe ich die Literatur mehrmals aufgegeben. Aber da ich jetzt remote arbeite, habe ich mehr Zeit zum Schreiben. Ich habe in der Literatur eine tolle Therapie gefunden, die mir hilft, mir die Zeit zu vertreiben. Ich werde nicht mehr aufhören zu schreiben. Bei dieser Tätigkeit fühle ich mich besonders wohl.

Ich habe mit Angstzuständen zu kämpfen

Angst ist eine Art von Krankheit, die uns manchmal betrifft. Sie ist gekennzeichnet durch Nervosität, Unruhe, Gedanken an die Zukunft, Sorgen, Traurigkeit. Ich wurde von dieser Krankheit befallen, aber ich habe mich tapfer gewehrt.

Wie habe ich der Angst widerstanden? Ich hatte eine Menge emotionaler Kontrolle. Obwohl mein ganzer Körper der Krankheit nachgeben wollte, wehrte ich mich tapfer. So wurde ich ruhiger, ich überwand all die Angst und wuchs in meinen Emotionen. Wenn wir Führer unserer selbst sind, haben wir nichts zu befürchten. Wenn wir reif und erfahren sind, übernehmen wir die Kontrolle über unser Leben auf besonders effektive Weise. So wurde ich ein echter Gewinner, mit meinen eigenen Möglichkeiten.

Warum sollten wir keine Angst haben? Weil wir erwachsen sind und in der Lage sind, jedes Problem zu lösen. Auch mit etwas Angst, mach es. Sie werden erstaunt sein, welche Wunder es vollbringen kann. Die Herausforderungen sind also sehr groß, die Gefahren sind noch größer, aber entfesseln Sie die Kraft, die Sie in sich tragen, und alles wird sehr gut werden. Glaube immer an dich und deine Fähigkeiten. Sie sind ein echter Gewinner.

Kindheit

Es kam zu einem Treffen zwischen Hermes und seinen Eltern. Ziel war es, ihre Zukunft zu definieren.

Hermes von Fonseca

Wie haben Sie den Paraguay-Krieg erlebt?

Hermes Ernesto von Fonseca

Es war eine wunderbare Erfahrung. Ich war unglaublich glücklich im Paraguay-Krieg. Zusammen mit meinen Soldaten haben wir mehrere denkwürdige Schlachten gewonnen. Obwohl wir einige Teamkollegen verloren haben, haben wir am Ende gewonnen. Darauf bin ich stolz: mein Land mit Stärke, Entschlossenheit, Kampf und Hingabe zu verteidigen, wie es sein sollte.

Hermes von Fonseca

Glaubst du, ich sollte zum Militär? Welche Gründe hätte ich dafür?

Hermes Ernesto von Fonseca

Ich möchte, dass Sie meinem Beispiel folgen. Unser Land braucht mutige junge Menschen wie Sie. Wir brauchen auch engagierte Politiker, um das Land zu verbessern. Aber Sie haben die Wahl.

Hermes von Fonseca

Was meinst du, Mama?

Maddalena Fonseca

Ich wünschte, du wärst ein gewöhnlicher Arbeiter. Das Militär ist gefährlich, und ich mag Politik auch nicht. Aber was auch immer du entscheidest, ist für mich in Ordnung.

Hermes von Fonseca

Ich habe mich schon entschieden. Ich werde mich an einer Militärschule in Porto Alegre einschreiben. Meine Mission ist es, zu einem besseren Brasilien beizutragen. Verzeih mir, Mama, ich verstehe deine Besorgnis. Aber das Blut meines Vaters fließt durch meine Adern, und ich werde den Kampf nicht scheuen. Ich möchte in Brasilien Geschichte schreiben.

Maddalena Fonseca

Ihr habt also meinen Segen. Möge Gott dich beschützen und dich vor allem Bösen bewahren, mein Sohn. Besuchen Sie uns in den Urlaub. Wir lieben dich so sehr.

Hermes von Fonseca

Ich werde so oft wie möglich kommen, Mama. Nächste Woche fahre ich nach Porto Alegre. Ich bin in bester Stimmung, meine Bestimmung zu finden. Möge Gott uns auf diesem Weg segnen.

Hermes Ernesto von Fonseca

Nimmt's ruhig, mein Sohn. Ich werde dem Colonel spezielle Empfehlungen schicken, damit er sich um Sie kümmern kann. Das Militärleben ist gut, wenn es professionell geführt wird. Du bist unser Stolz, heute und immer. Gute Besserung und viel Glück.

Hermes von Fonseca

Danke, Papa. Ich werde mich an alle Ihre Ratschläge erinnern, wenn ich in der Militärschule bin. Ich verspreche, dass ich mich bemühen werde, ein großer Militär zu sein. Ich werde mein Brasilien durch meine großen Erfolge stolz machen. Sie können warten.

Der Junge war unglaublich glücklich mit seiner Entscheidung im Leben. Er war ein freundlicher, gutaussehender und freundlicher junger Mann zu den Menschen. Es wäre mit Sicherheit ein großartiger Militärmann. Es bräuchte nur das richtige Training. Möge Gott Ihre Karriere und Ihre Träume segnen.

An der Militärschule in Porto Alegre

Vorstellungsgespräch

Allgemein

Meinst du, du bist der Neuling? Wie heißt er und woher kommt er? Warum haben Sie sich für eine Karriere beim Militär entschieden?

Hermes von Fonseca

Mein Name ist Hermes von Fonseca. Ich komme aus der Stadt São Gabriel. Mein Vater war ein großer Militär. Also möchte ich auch diese Karriere verfolgen, die von ihm inspiriert ist.

Allgemein

Was sind Ihre wichtigsten Eigenschaften?

Hermes von Fonseca

Ich bin engagiert, engagiert, fleißig, fleißig, ich respektiere Hierarchien. Ich bin freundlich, großzügig, höflich, hilfsbereit und verständnisvoll. Ich möchte in der Armee wachsen und ein großer Mann werden.

Allgemein

Besonders gut, junger Mann. Aber wisse, dass es gar nicht so einfach ist, beim Militär zu sein. Man muss die Regeln kennen und befolgen. Wir wollen keine jungen Umstürzler. Wir wollen jemanden, der mehr will. Wir brauchen auch Krieger, um unser Land gegen Ausländer zu verteidigen. Wir brauchen mutige Menschen, die die Welt verändern.

Hermes von Fonseca

Davon habe ich mehr als genug. Ich habe militärisches Blut. Ich möchte alles lernen, was ich brauche. Wirst du es mir beibringen?

Allgemein

Du redest so, wie ich es mag. Ich bin hier, um allen zu helfen. Wir unterrichten spezifische Klassen für Ihre Entwicklung und die anderer Jugendlicher. Sei ein fleißiger junger Mann in deinem Studium und du wirst eine glänzende Zukunft haben. Seht ihr, wir öffnen euch die Türen des Colleges zu Ehren eures Vaters. Lassen Sie uns nicht im Stich.

Hermes von Fonseca

Ich verspreche Ihnen, dass ich mein Bestes geben werde. Ich werde alles lernen, was nötig ist, um ein großer Mann zu werden. Glaub mir, ich bin deine beste Wahl.

Allgemein

Sehr gut. Gemocht. So sei es. Willkommen in der Militärschule von Porto Alegre. Nutzen Sie sie effektiv.

Der General zog sich für einen Augenblick zurück und bedeutete ihr, ihm zu folgen. Er brachte den Jungen in die Kaserne, wo drei andere junge Männer auf sie warteten. Das war der Beginn einer der schönsten Militärkarrieren.

Mit anderen Bewohnern im Gespräch

Hermes von Fonseca

Mein Name ist Hermes. Ich komme aus St. Gabriel. Wie nennt ihr euch und woher kommt ihr?

Pedro Balistero

Mein Name ist Peter. Ich komme aus São Borja. Ich bin der Sohn von Bauern, reichen Kaffeebauern in der Region.

Conrado Rodriguez

Mein Name ist Conrad. Ich komme aus Porto Alegre. Auch meine Familie ist traditionell. Wir sind wohlhabende Händler.

Kelvis Valadares

Mein Name ist Kelvis. Ich bin der Sohn eines Dienstmädchens und eines Hausmeisters. Ich wurde von einem Militär auf der Straße empfangen, der mir diese ausgezeichnete Gelegenheit gab. Ich bin dankbar, hier zu sein.

Hermes von Fonseca

Was hat sie hierher geführt? Ich schaute zu meinem Vater auf, der auch Berufsmilitär war. Ich möchte auch Politiker werden und unser Land zum Besseren verändern.

Pedro Balistero

Es geschah auch auf Wunsch meines Vaters. Er will durch mich mehr Einfluss in der nationalen Elite haben. Darauf bin ich auch gespannt. Deshalb bin ich hier.

Conrado Rodriguez

Derjenige, der mich am meisten beeinflusst hat, war meine Mutter. Sie sagt, ich hätte ein Händchen für Dinge. Das habe ich geglaubt, und ich bin hier bei euch. Ich hoffe, ein guter Mitbewohner zu sein.

Kelvis Valadares

In meinem Fall war es die finanzielle Notwendigkeit. Ich lebte ein Leben voller Elend, bevor ich hierher kam. Das hier ist also mein letzter Versuch des Wohlstands.

Hermes von Fonseca

In Ordnung, Jungs. Herzlich willkommen. Stützen wir uns auf diese Periode des militärischen Studiums. Ich möchte, dass wir Freunde sind, Gefährten im Studium und im Leben. Wir müssen uns stärken, um all dem zu begegnen, was nicht einfach ist. Ich denke an die Annehmlichkeiten und die zukünftigen Ergebnisse. Mögen Kompetenz und Glück uns alle umarmen. Wirklich schön, Sie kennenzulernen.

Die Jungs umarmen sich und tauschen gute Energie aus. Es war der Beginn einer neuen Geschichte, eine, die ein schöner Teil ihres Lebens sein könnte. Die militärische Laufbahn war eine Herausforderung, aber sie konnte auch reiche Lernmomente mit sich bringen. Möge also jeder von ihnen das Beste daraus machen.

Ihr Studium an der Militärakademie

Lehrer

Nun, ich werde Ihnen erklären, wie das Militärregime funktioniert. Im Militär suchen wir mutige und visionäre junge Menschen, die bereit sind, für das Land zu kämpfen. Schützen Sie die Interessen der Nation auf Kosten des eigenen Lebens. Bist du bereit?

Hermes von Fonseca

Ich habe viel Mut. Ich bin der Sohn eines pensionierten Militärs und habe von ihm unschätzbare Werte der Ehrlichkeit gelernt. Ich wurde Militär und Politiker. Ich hoffe, dass ich viel zur Verbesserung unseres Landes beitragen kann.

Pedro Balistero

Ich will zum Militär, weil es mir Macht und Einfluss gibt. Das wird dem Geschäft meiner Familie helfen.

Conrado Rodriguez

Ich glaube, ich habe eine Berufung, zum Militär zu gehen. Ich möchte das Risiko eingehen und sehen, ob es mir wirklich gefällt. Ich werde es lieben, diesen Lehr- und Lernprozess zu haben.

Kelvis Valadares

Das ist der Job, von dem ich immer geträumt habe. Ich möchte meiner Familie Trost spenden, ich möchte ein ehrlicher, vertrauenswürdiger und wahrhaftiger Mann werden. Ich möchte in meiner beruflichen Laufbahn glücklich sein.

Lehrer

Ihre Antworten waren großartig. Aber es tut mir leid, sagen zu müssen, dass Sie eine falsche Vorstellung davon haben, beim Militär zu sein. Im Militär zu sein ist mehr als eine Berufung, es ist eine völlige Hingabe an das Schicksal der Nation. Es erfordert auch Hingabe und wenig finanzielle Rendite. Wir sind nicht reich. Für die Dienstleistungen, die wir erbringen, verdienen wir außerordentlich wenig. Aber wir fordern Respekt und Wertschätzung für den Beruf. Wir sind der Stolz Brasiliens. Ihr, liebe Jugendliche, wisst zu verstehen, dass die Zukunft des Landes in unseren Händen liegt. Lassen Sie uns nicht im Stich.

Hermes von Fonseca

Wir sind uns dessen bewusst und stimmen zu. Sie können uns vertrauen. Lassen Sie uns auf diesem militärischen Kurs, der viel Spannung verspricht, voranschreiten. Danke für die Worte.

Der Lehrer umarmt die Schüler, und sie feiern kurz. Mit dem richtigen Maß würden sie an Wissen und Motivation gewinnen. Es wären vier Jahre eines langen Kurses militärischer Ausbildung. Möge Gottes Segen auf ihn fallen.

Abschließende Geschichte

Hermes von Fonseca absolvierte den Militärkurs und schlug eine Karriere in der Armee ein. Er nahm an Feldzügen und Konflikten wie dem Aufstand der Marine teil. Er wurde Politiker und bekleidete folgende Ämter: Kriegsminister und Präsident der Republik. Als Präsident musste er die Wirtschaft kontrollieren, Konflikte lösen und das Land wachsen lassen. Die Geschichte betrachtet seine Amtszeit als Präsident als großen Durchbruch in Brasilien. Hermes von Fonseca ist einer der beliebtesten Präsidenten in der Geschichte des Landes.

Materielle Dinge machen nicht glücklich

Geld zu haben ist gut. Es ist notwendig, Lebensmittel zu kaufen, Haushaltsrechnungen zu bezahlen, zu reisen, sich zu kleiden und zu tragen, eine gute Gesundheit und Bildung zu haben, kurz gesagt, Geld ist unerlässlich, um ein würdevolles Leben zu führen. Aber wenn wir an Glück denken, das ein Geisteszustand ist, können wir sagen, dass Geld Komfort kauft, aber kein Glück bringt. Ein Beispiel dafür ist, dass wir unglückliche Familien in Villen finden und manchmal finden wir glückliche Familien in Holzhäusern.

Während nur wenige Milliarden oder Millionen von Dollar haben, aber nicht viel für die Welt tun, haben wir Tausende von Helden wie Reinigungskräfte, Krankenschwestern, Lehrer, die wenig Geld verdienen, aber viel Glück haben. Halten Sie also an dem fest, was Sie sind, und machen Sie weiter. Deine Familie wird stolz auf dich sein für das, was du für sie repräsentierst. Unsere Familie liebt uns und unterstützt uns bei jedem Schritt.

Ich bin glücklich in meiner Armut und in meiner Hässlichkeit. Ich bin glücklich, aus dem Nordosten Brasiliens zu kommen und homosexuell zu sein. Ich bin glücklich, Christ zu sein, aber ich respektiere alle Glaubensrichtungen. Ich bin glücklich über die einfache Tatsache, dass es mich gibt. Ich liebe Gott so sehr und alles, was er in meinem Leben repräsentiert. Ich liebe mich selbst sehr und akzeptiere keine Krümel der Emotionen. Ich liebe meinen Nächsten und will nur das Beste für die Menschen. Sei daher der Agent des Guten, um die Welt zu einem besseren Ort zu machen.

Der Konflikt zwischen einer privilegierten Elite und der armen Mehrheit

Wir leben in einer politischen Dualität: links und rechts. Wir leben auch in einer sozialen Dualität: arm und reich. Diese Konflikte sind aufgrund der wirtschaftlichen Ungleichheit, die das Land überwunden hat, von großem Ausmaß. Während sich die Armen vermehren, verdreifacht sich der Reichtum der Eliten.

Ich stehe auf der Seite der Armen, die meine Herkunft und mein sozialer Zustand sind. Wir brauchen billige Lebensmittel, mehr Arbeitsplätze, weniger Inflation, weniger Steuern, mehr Einkommensverteilung, weniger Korruption und mehr Wohltätigkeit. Schade, dass Brasilien nicht vorankommt.

Statt dass alle gemeinsam aufwachsen, herrscht im Land eine Rivalität zwischen Arm und Reich. Während die Reichen immer reicher werden wollen, gibt es für die Armen keine Möglichkeit, wirtschaftlich zu wachsen. Das Ergebnis ist eine Wohlfahrtspolitik, die das Problem nicht löst. Wo ist die wirkliche Lösung für Brasilien? Niemand weiß es. Wir wissen nur, dass Brasilien eine der größten Volkswirtschaften der Welt ist, aber wir haben keine Entwicklung erreicht, die dem gerecht wird. Und so vergehen die Jahrzehnte, ohne dass es zu einer wirksamen

Verbesserung kommt. Ich wünsche mir, dass Brasilien prosperiert, damit wir eines Tages die Bühne der Ersten Welt erreichen können. Dafür brauchen wir mehr Ressourcen für Bildung, Gesundheit, Sicherheit und Kultur. Ein Volk ohne Kultur ist ein Volk ohne Seele.

Ich bin ein freundloser Mensch, aber mit einem großen Selbstwertgefühl.

Ich habe keine Freunde. Tatsächlich sind die einzigen Freunde, die ich habe, Gott und meine Familie. Aber außerhalb meiner Familie finde ich keine Unterstützung. Das ist etwas, das mich schon deprimiert hat, als ich jung war, aber jetzt, wo ich vierzig bin, scheint es für mich unwichtig zu sein.

Das Leben hat mich meinen unschätzbaren Wert gelehrt. Das Leben hat mich gelehrt, dass ich alleine leben kann. Tun Enttäuschungen weh? Sie tun sehr weh. Aber niemand stirbt aus Liebe. Es ist leichter, an Hunger zu sterben, als aus Mangel an Liebe zu sterben. Priorisieren Sie also immer Ihr Berufsleben. Das ist der Rat eines Erwachsenen, der bereits in den Vierzigern ist.

Das Leben hat mir einen Weg gezeigt. Ein einsamer, aber sicherer Weg. Zumindest weiß ich, dass sie mich nicht aus Eifersucht oder Geld töten werden. Single zu sein ist ein großer Segen in meinem Leben. Ich fühle mich gut, Single zu sein, aber ich sage nicht, dass ich keine Liebe will. Wenn Liebe in meinem Leben passiert, werde ich sie vielleicht umarmen. Aber wie finde ich die Liebe, wenn ich die meiste Zeit zu Hause verbringe? Fast unmöglich, oder? Ich denke also nicht zu viel darüber nach, damit ich mir keine Illusionen mache und depressiv werde. Ich bevorzuge es, mit der Realität zu arbeiten, egal wie schwierig es auch sein mag.

Literatur ist meine große Therapie und mein großes Ventil. Mit dem Schreiben treibe ich alle schlechten Gedanken aus. Ich liebe es zu schreiben und ich möchte so lange schreiben, wie ich noch Lebensatem habe. Ohne das Schreiben wäre ich in eine große Depression verfallen. Ich bin unglaublich dankbar für das, was das Schreiben in meinem Leben bedeutet.

Wenn Sie ein Geschäft nicht ausprobieren, werden Sie nie wissen, ob es funktionieren wird

Hören Sie auf, sich mit den Möglichkeiten aufzuhalten. Die Welt gehört denen, die handeln. Wenn du nicht handelst, wirst du nie wissen, ob es funktionieren wird. Ich bin immer auf der Suche nach der Methode, es zu versuchen, ich versuche es, bis ich bekomme, was ich will, und es war phänomenal erfolgreich.

Ich habe einen Freund, der extrem negativ eingestellt ist. Ich habe ihr Tipps gegeben, aber sie ignoriert sie und sagt, dass sie nicht glaubt, dass es funktionieren wird. Also gibt sie bald auf, ohne es auch nur versucht zu haben. Diese Haltung ist typisch für Verlierer. Ich mag manchmal scheitern, aber ich scheitere, indem ich es versuche. Tun Sie dies auch in Ihrem Leben.

Möchten Sie etwas wissen? Fragen Sie also nach

Es gibt einige Menschen, die im Leben stecken bleiben, weil es ihnen an Mut, Schüchternheit und mangelnder Sicherheit mangelt. Das ist alles Unsinn. Sie sind mentale Auslöser für diejenigen, die keine Erfahrung haben. Mach es wie ich. Wenn ich einen Jungen mochte, ging ich auf ihn zu und fragte ihn, ob er mich haben wolle. Die Antwort war enttäuschend, aber ich bereue es nicht. Es war der einzige genaue Weg, wie ich das von ihm wissen konnte.

Warum also Angst vor einer Ablehnung haben? Das Leben besteht aus Negativem und Positivem. Die Angst, es zu versuchen, steht nur im Weg. Die Angst, Fehler zu machen und zu enttäuschen, hindert Sie daran, das Glück zu erreichen, von dem

Sie immer geträumt haben. Machen Sie diesen Fehler nicht mehr. Versuchen Sie es erneut, bis Sie erfolgreich sind. Niemand ist jemals wirklich auf die Zukunft vorbereitet. Hängen Sie sich also nicht daran auf.

Die Zeit vergeht wie im Flug

Wie schnell die Zeit vergeht, nicht wahr? Dinge, die wir vor nicht allzu langer Zeit gemacht haben, sind manchmal schon zehn Jahre alt. Die Zeit vergeht unaufhaltsam dem Ende entgegen. Warum also Zeit mit anderen, mit der Meinung anderer Menschen verschwenden oder Träume aufschieben? Lebe in der Gegenwart. Bereiten Sie sich auf die Zukunft vor, aber leben Sie. Die Zeit ist wie die Uhr; Es geht nicht zurück. Um es später nicht zu bereuen, lassen Sie Ihren Traum jetzt wahr werden.

Lauf deinem Traum hinterher, glaube daran, dass es möglich ist. Höre nicht auf negative Menschen, die dich runtermachen. Du bist etwas Besonderes und Gott sehr lieb. Alles geschieht nach Gottes Willen in deinem Leben. Vergiss all die Scham, bereite dich auf eine bessere Zukunft vor und sei glücklich. Lebe jeden Moment intensiv.

Seien Sie geduldig bei der Bewältigung von Krisensituationen

Hat dich etwas sehr verletzt? Hat dich etwas zu sehr verletzt und wütend gemacht? Wie leben wir mit dem Schmerz, der uns täglich verletzt? Kommen Sie darüber hinweg. Analysieren Sie die Situation, finden Sie einen Ausweg und gehen Sie los. Es ist am besten, einen neuen Kurs einzuschlagen und eine Haltung der Herablassung einzunehmen. Denken Sie daran, wie wichtig Ihre Psychologie ist.

Ich hatte große Zusammenbrüche der Harmonie in der Schule, bei der Arbeit und in meiner eigenen Familie. All das führte mich in ein persönliches Chaos. Es war schmerzhaft, herausfordernd und demütigend. Ich wurde verfolgt, weil ich arm, homosexuell und hässlich war. Ich entsprach einfach nicht den Wünschen der großen Mehrheit der Bevölkerung, mit der ich in Kontakt kam. Aber ich rebellierte dagegen und wurde zu meiner Selbstliebe.

Es gibt unzählige traurige Dinge, die mir passiert sind. Ich hätte in eine tiefe Depression verfallen können, aber ich ließ es nicht zu. Ich habe mich einfach geweigert, krank zu werden, weil ich so eine große Kraft in mir habe. Ich lebte meine emotionale Freiheit und zeigte meine Erfahrungen. Es war niemand, der mir meinen Wert gegeben hat. Ich war diejenige, die sich als Priorität in meinem Leben durchgesetzt hat. Es spielt keine Rolle, dass andere mich nicht lieben. Es spielt keine Rolle, was sie denken oder was die Leute über mich sagen. Ich habe die emotionale Reife, mich für das Universum wichtig zu fühlen. Ich habe meine Meinungsfreiheit und Freude bewahrt. Es lohnt sich, man muss es nur wollen.

Rosas Geschichte

Rosa war schon immer eine gute Mitarbeiterin. Sie war pünktlich, lieferte anständige Arbeit, freundete sich mit ihren Kollegen an. Doch in der Zwischenzeit waren seine Beziehungen zur Führung schwierig. Es war fast unerträglich, jeden Tag am Arbeitsplatz leben zu müssen.

Das Verhältnis zum Chef war gar nicht so einfach. Es war ein Umfeld der Verfolgung und der Prüfungen. Es war demütigend, Befehle erteilt, lächerlich gemacht, falsch eingeschätzt und verbal bedroht zu bekommen. Es war der Schrecken, in einer Firma mit so schlechten Chefs zu leben.

Sie hatte keine andere Wahl, als weiter zu arbeiten, da sie finanziell darauf angewiesen war, um zu überleben. Obwohl sie so viele Entbehrungen erlitten hat, hat sie alles im Namen des Überlebens ertragen. Doch dann stellt sich die Frage: Inwiefern lohnt es sich, ein Arbeitsumfeld zu tolerieren, das so schädlich für die psychische Gesundheit ist?

Wäre es möglich, weiterhin die psychische Gesundheit dem Geld zu opfern? Wie lange würde sie diese Situation noch ertragen? Es ist notwendig, mehrere relevante Punkte zu berücksichtigen: die finanzielle Situation, die Aufstiegs- und Verbesserungsmöglichkeiten in der Beschäftigung, die Möglichkeiten des Führungswechsels, ob eine Vereinbarkeit möglich ist. Vielleicht wäre die Selbstständigkeit der Ausweg.

Selbstständig zu sein ist eine große Herausforderung. Wir kämpfen mit finanzieller Instabilität, mit einem Mangel an Kunden, aber wir haben mehr Freiheit ohne zu viele Gebühren. Selbstständig zu sein bedeutet, seinen eigenen Zeitplan zu besitzen. Selbstständig zu sein bedeutet, frei zu sein, mehr Lebensqualität zu haben, aber etwas weniger finanziellen Komfort. Wir müssen uns intensiv mit dem Problem auseinandersetzen, das dahinter steckt. Was ist besser für Sie: die finanzielle Stabilität eines Arbeitsplatzes, ein eigenes Unternehmen oder die Freiheit der Selbstständigkeit? Die Antwort auf diese Frage hängt von der jeweiligen Situation ab.

Aber bist du wirklich bereit, deinen Job zu kündigen und deine Freiheit zu leben? Das ist hochgefährlich. Dabei sollten nicht nur die beruflichen Implikationen, sondern auch ihre Lebensqualität und Gesundheit analysiert werden. Die Wahl des besten für Sie ist in jeder Situation immer am empfehlenswertesten. Indem Sie sich selbst wählen, indem Sie Ihre persönliche Situation in den Vordergrund stellen, machen Sie einen großen Schritt in Richtung Erfolg und in eine gute Zukunft. Glauben Sie mir, es kommen viele gute Dinge.

Wie kann man mit einer schwierigen Situation leben? Wie leben wir mit einem Schmerz, der uns verfolgt? Wie kann man den emotionalen Frieden bewahren? Manchmal müssen wir uns bei jemandem austoben. Seien Sie jedoch unglaublich vorsichtig, mit wem Sie Ihre Geheimnisse teilen. Es ist von größter Bedeutung, dass Sie eine vertrauenswürdige Person sind. Denken Sie daran, keine Perlen an die Schweine zu werfen.

Aber wenn wir mit jemandem über unsere Probleme sprechen, werden wir oft missverstanden. Es ist, als würde man Worte in den Wind werfen. Die Person versteht deinen Standpunkt nicht. Warum sind die Menschen nicht bereit, uns zuzuhören? Denn sie selbst haben gelegentlich ihre eigenen Probleme. Es ist schwer, dies anerkennen zu müssen, aber niemandes Ohr ist aufs Töpfchen. Es gibt jedoch Menschen, die eng mit uns verbunden sind, und wir fühlen uns frei, unsere Sorgen zu teilen. Bei diesen Menschen müssen wir uns Luft machen.

Entlüften ist befreiend. Das rettete ihn vor einer zweiten Depression. Indem ich erzählte, entledigte ich mich einer Last der Verantwortung, oder ich teilte die Last mit der Person, die mir zuhörte. Es war so gut, dass ich jedem empfehle, es zu tun. Es war so gut, dass ich nie wieder Depressionen hatte. Wenn ich heute ein intelligenter und emotional entwickelter Mensch bin, danke ich Ihnen für meine demütige Haltung. Wenn wir demütig sind, öffnen sich uns die Türen des Glücks und alles ist gut. Das war's. Egal wie schwierig die Situation ist, denken Sie positiv. Es wird schon gut gehen.

Meine Mutter starb und ich hatte eine große Verantwortung, meine Geschwister zu unterstützen, die krank oder Analphabeten sind. Alle Ausgaben für das Haus fielen auf mich und das brachte mich in eine verzwickte Situation. Es fällt mir schwer zu wissen, dass es Menschen gibt, die auf mich angewiesen sind und dass sie neben mir auch auf meine Arbeit angewiesen sind.

Bei vielen Gelegenheiten wollte ich vor der Verantwortung des Hauses davonlaufen. Aber das kann ich nicht. Ich muss alle drei Stunden am Tag arbeiten, um meinen finanziellen Bedarf zu decken. Ich fühle mich mit den Ladungen. Ich wollte mit mir selbst frei sein. Ich wollte meinen Traum leben. Ich wünschte, ich könnte von meiner literarischen Kunst leben, aber ich bin kein gut verkaufter Schriftsteller. Ich bin ein unabhängiger und unbekannter Autor. Ich erinnere mich jeden Tag an meine Realität und das ist es, was mich motiviert, im Job zu bleiben.

Es gibt so viele Menschen mit großer Verantwortung. Es gibt so viele Menschen, die Haushaltsvorstände sind und mehrere Personen unterstützen müssen. Denkst du, das ist einfach? Rechts. Wir leben in einer Achterbahn, in der wir immer mehr gefordert werden. Aber bringt uns die Last der Verantwortung mental aus dem Gleichgewicht? Absolut. Es ist sehr schrecklich, diese Verpflichtungen im Leben zu haben. Aber ich schlage vor, dass du innerlich darüber nachdenkst, was dir ein gutes Gefühl gibt und was dir wichtig ist. Sehen Sie, was Ihr Reiseziel ist und wie Sie es am besten ändern können. Nun, beschränken Sie sich nicht auf das, was das Leben Ihnen auferlegt hat. Suchen Sie immer nach einer Alternative, die für Sie weniger belastend ist. Suche in erster Linie deinen Frieden und deine geistige Gesundheit, denn was in diesem Leben zählt, ist, mit dir selbst und anderen gut zu sein. Glaube also, dass bessere Dinge in dein Leben kommen werden. Glaube an deinen Erfolg, denn du hast ein immenses Talent, mit dem du arbeiten kannst. Glaube an die gute Zukunft, die Gott in all seiner liebenden Güte verheißen hat. Glaubt vor allem an Gott, der die mächtige Kraft ist, die das Universum koordiniert. Viel Glück für Sie.

Es war real: Wenn er dich nicht suchte, kümmerte er sich nicht um dich

Ich liebte einen Kollegen. In den sieben Jahren, in denen wir zusammen bei der Arbeit lebten, schien er mich zu mögen und sich um mich zu kümmern. Er gab mir Zeichen, dass er mich liebte, aber er nahm es nicht auf sich. Ich starb vor Liebe zu ihm. Aber ich fühlte mich unglaublich schlecht. Also beschloss ich, mich der Remote-Arbeit anzuschließen, und es ist lange her, dass ich es gesehen habe.

Es waren vier Jahre in der Fernarbeit, und ich fühle mich von dem Gefühl, das ich dafür hatte, geheilt. Es war die große Rettung meines Lebens. Aus diesem Grund und aufgrund persönlicher Probleme, die ich mit Kollegen habe, möchte ich nicht zur persönlichen Arbeit zurückkehren. Ich hatte viele Probleme in diesem Job, den ich derzeit mache.

Nach vier Jahren hat er mich nie in meinem Haus gesucht, obwohl er weiß, wo ich wohne. Ich habe dafür gesorgt, dass ich ihn in den sozialen Medien blockiert habe, für meinen Frieden und meine psychische Gesundheit. Es war die beste Entscheidung, die ich je in meinem Leben getroffen habe. Heute bin ich sehr ruhig. Ohne Kummer, mit unermesslichem Frieden und ohne an Leidenschaften zu denken. Ich möchte niemanden mehr in meinem Leben haben, weil ich viel Liebeskummer hatte. Mir geht es gut, Single zu sein, und ich möchte es für den Rest meiner Tage bleiben.

Ich habe über zwanzig unabhängige Songs aufgenommen, und ich war inspiriert von dem Gefühl, das ich für ihn hatte, um die Songs zu schreiben. Obwohl alles vorbei war, waren das, was von unserem Treffen bei der Arbeit übrig blieb, diese Lieder. In seltenen Fällen höre ich mir diese Lieder an, und es tut mir sehr gut. Das ist die Zusammenfassung der Geschichte einer wahren Liebe, die ich bei der Arbeit hatte. Das wird zehn Jahre her sein. Wie schnell die Zeit vergeht, nicht wahr? Die Zeit vergeht für uns alle schnell. Das bringt uns zu den entscheidenden Punkten in unserem Leben. Und sie bauen Wissensnetze auf, die Gefühle, Worte und Taten entstehen lassen. Es lebe jede wahre Liebe.

Die berühmte Geschichte des Journalisten Brito

Gespräch mit Papa zu Hause

Excelsior

Heute ist ein Tag der Freude. Mein Sohn, du bist achtzehn Jahre alt. Es ist mir eine Ehre, Ihr Vater zu sein und Sie in diesen achtzehn Lebensjahren begleitet zu haben.

Brito

Danke, Papa. Ich habe dieses Jahr mein Abitur gemacht und habe bereits Pläne für mich. Wie fühle ich mich mit achtzehn? Ich fühle mich ein wenig verloren in so vielen persönlichen und familiären Problemen. Das ist eine Menge in so kurzer Zeit. Aber was sagst du zu mir, Papa?

Excelsior

Ich werde Sie an der Journalistenschule anmelden. Und von nun an wirst du meine Sekretärin bei der Zeitung sein. Ich brauche jemanden aus meiner Familie in der Nähe, um unser Geschäft zu führen. Was sagst du?

Brito

Ich weiß es nicht, Papa. Ich halte das für verfrüht. Bin ich wirklich bereit, in der Zeitung zu stehen? Es gibt so viele Verantwortungen.

Excelsior

Natürlich kannst du das, mein Sohn. Dieses Talent kommt vom Blut. Ich werde dir alles beibringen, was du zum Arbeiten brauchst. Machen Sie sich um nichts Sorgen. Vertraue mir.

Brito

Okay, Papa. Ich akzeptiere die Position. Von nun an bin ich Ihr Privatsekretär. Vielen Dank für die Gelegenheit.

Excelsior

Das ist genau so, wie ich es mag. Ab nächstem Jahr wird sie die Journalistenschule besuchen. Ich habe Sie bereits angemeldet. Ich möchte sehen, wie mein Sohn heller und heller strahlt.

Brito

Vielen Dank, Papa. Sie können sich auf mich verlassen. Lassen Sie uns nun meine Geburtstagsfeier zusammen mit unserer Familie genießen.

Die beiden verlassen den Raum und gehen zu der Matriarchin, die in der Küche war. Sie feiern dieses Ereignis mit einem Schokoladenkuchen, einem Getränk, Snacks, typischen Speisen und viel Tanz. Es war ein Tag, den man nie vergessen wird. In den nächsten Tagen würde ein neuer Lebensabschnitt für den lieben Jungen beginnen.

Es war der Beginn eines neuen Tages bei der geschäftigen "wilden" Zeitung. Das Journalistenteam arbeitete intensiv an den Geschichten, bis eine dringende neue Geschichte auftauchte.

Excelsior

Ich werde Sie zu einem Interview in der Bras-Straße schicken. Es gibt ein riesiges Loch in der Straße voller Abwasser und die Regierung unternimmt nichts. Das muss angeprangert werden. Gehen Sie raus und machen Sie einen exzellenten Job.

Brito

Okay, Papa. Ich fahre sofort dorthin. Das Material gebe ich Ihnen am Ende des Nachmittags.

Hastig verlässt Brito die Zeitung. Er steigt in sein Auto, das in der Nähe geparkt ist, und macht sich auf den Weg zu seinem ersten Vorstellungsgespräch. Er startet den Wagen und fährt nach rechts. Im dichten Verkehr von São Paul versucht er, so schnell wie möglich an die dafür vorgesehene Straße zu gelangen. Unterwegs erlebt er intensive individuelle Emotionen. Was würde an Ihrem ersten Arbeitstag passieren? Würde es funktionieren? Er wusste es nicht, er wollte sich einfach wie verrückt in diese Verabredung stürzen, die er so sehr liebte.

Zwanzig Minuten vergehen, und er hat ein Viertel der Strecke zurückgelegt. Wieder rast dein Herz auf der Suche nach der richtigen Inspiration, um weiterzumachen. Er war sehr emotional, was völlig normal war. Wie gut war es, diesen Geschmack von Freiheit und Neugier zu spüren, der ihn völlig überwältigte.

Auch die Angst vor dem Unbekannten überwiegt. Wie würde es aufgenommen werden? Wäre es freundlich? Sicher ist nur, dass er auf alles vorbereitet war, was auf ihn zukam.

Ungeachtet der Risiken wollte er die kraftvolle Stimme seines inneren Selbst sein. Damit ist die Hälfte geschafft. Er bewegte sich weiter und weiter und kam seinem ultimativen Ziel immer näher.

Wie war die Stimmung des lieben Jungen, des großen Sohnes des Journalisten Excelsior? Er war gut, mit guten Chancen, es gut zu machen. Sein schelmischer Geist malte sich immer wieder viele Situationen aus, die sich in seinem Kopf abspielten. Aber alle Fürsorge reichte nicht aus, damit es nicht zu einem Fiasko wurde.

Er biegt nach links ab und geht noch ein paar Felder weiter. Kurz darauf absolviert er die drei Viertel des Kurses. Jetzt war alles bemerkenswert eng und es gab kein Entrinnen mehr. Er müsste sich seinen Ängsten stellen und sich anstrengen, von seinem Vater gut eingeschätzt zu werden. Es war alles, was er wollte.

Der letzte Teil der Strecke war schnell zurückgelegt. Am Tatort angekommen, geht er auf eine Dame zu, stellt sich vor und bittet um Erlaubnis für ein Interview. Sie nimmt an, und alles beginnt.

Brito

gnädige Frau Cleusa, könnt Ihr uns erzählen, wie alles begann?

Cleusa

Es war ein sehr starker Regen, der diese Schlucht zum Einsturz brachte. Seitdem haben wir die Reinigungsabteilung der Stadt angerufen, aber ohne Erfolg. Das ist eine Vernachlässigung, die die Gesundheit der Bevölkerung bedroht. Schauen Sie sich an, wie viele Insekten, wie viele Kakerlaken, wie viele Ratten, es kommt zusammen. Es ist eine Katastrophe.

Brito

Es ist wirklich traumatisch. Ich verspreche, mich mit der Reinigungsabteilung in Verbindung zu setzen. Vielleicht, wenn die Presse über die Deadline berichtet, werden sie Angst haben.

Cleusa

Das ist das Ziel. Wir wollen die Behörden für unser Problem sensibilisieren. Kein Schmutz mehr. Wir wollen eine saubere Stadt, die uns allen Gesundheit bietet.

Brito

Welche weiteren Verbesserungen wünschen Sie sich für Ihre Straße und Stadt?

Cleusa

Es gibt viele Menschen, die Hunger leiden. Wir bitten um Lebensmittelkörbe für die ärmsten Familien. Wir fordern auch mehr Arbeitsplätze und mehr Chancen für junge Menschen. Wir alle aus der Peripherie sind Arbeiter. Wir haben Lust zu arbeiten. Aber es scheint, dass die Unternehmer uns ausschließen.

Brito

Ein Ausweg besteht darin, ein kleines Unternehmen zu haben. Ein Beispiel ist der Verkauf von Eis am Stiel, die Herstellung von Süßigkeiten, das Backen von Kuchen, das Putzen, das Arbeiten als Maurerknecht und vieles mehr.

Cleusa

Gut durchdacht. Fangen wir damit an und machen wir Schluss mit dem Stolz der Unternehmer. Wir müssen lernen, über die Runden zu kommen, wenn auch mit großen Schwierigkeiten.

Brito

Die Menschen in der Peripherie sind der Stolz unseres Landes. Es gibt große Herausforderungen, denen wir uns stellen müssen, aber die Menschen sind Krieger. Ein Spiegel für viele, die Vorstädter kämpfen für bessere Lebensbedingungen. Möge das Rathaus mit Zuneigung auf diese Menschen blicken und ihren vielen Bedürfnissen gerecht werden. Ich beende mein erstes Gespräch mit vielen Tränen und fordere eine Lösung der Probleme. Wach auf, Brasilien.

Nach dem Interview stieg Brito wieder ins Auto und machte sich auf den Weg zurück zur Zeitung. Nun war es an der Zeit, die Geschichte zu schreiben und die Trägheit des öffentlichen Dienstes in den Zeitungen abzudrucken. Für ein besseres und gerechteres Brasilien für alle.

Die erste Klasse in der Journalistenschule

Brito und andere Kollegen nehmen an Kursen zum Thema Journalismus teil. Es ist ein guter Informationsaustausch.

Lehrer

Journalismus ist der älteste Beruf der Welt. Es begann mit dem Bedürfnis, zu kommunizieren und Geschichten zu erzählen. Nachdem die Schrift aufkam, wurde sie immer weiter verbreitet. Heute, mit dem Fortschritt des Internets und der Technologie, haben wir ständig digitale Nachrichten. Der Informationsbedarf ist zu groß geworden.

Brito

Wahrheit. Ich arbeite bei einer Zeitung und die Nachrichten kommen die ganze Zeit. Es ist die Aufgabe des Journalisten, die besten Themen und Bereiche auszuwählen.

Daniela

Welche Arten von Journalismus finden wir heutzutage?

Lehrer

Wir haben guten und schlechten Journalismus. Guter Journalismus hält sich an die Fakten, während schlechter Journalismus Dinge erfindet, um Kontroversen zu erzeugen. Ist es wirklich etwas wert, die Aufmerksamkeit der Öffentlichkeit zu erregen? Was denkst du?

Daniela

Hängt. Aber ich finde es schrecklich, sich Dinge auszudenken. Dies ist in der Öffentlichkeit nicht legal und kann sogar zu Klagen führen.

Brito

Was halten Sie von politischem Journalismus und Journalismus mit berühmten Persönlichkeiten?

Lehrer

Der Journalist darf in der Politik nicht voreingenommen sein. Man muss mit der Wahrheit und den Fakten arbeiten. Zum Wohle der Gemeinschaft brauchen wir seriösen Journalismus.

Daniela

Berühmte Persönlichkeiten werden vom Journalismus ins Visier genommen, weil sie im Medienkontext wichtig sind. Es ist also üblich, viele Neuigkeiten über sie zu haben. Aber es ist wirklich nicht angenehm, wenn dein Leben bloßgestellt wird. Man muss viel Mut haben.

Lehrer

Stimmt, mein Lieber. Wir müssen vorsichtig sein mit dem, was wir der Öffentlichkeit sagen, denn wir sind Meinungsführer. Wir müssen für gute Zwecke kämpfen, damit jeder Mensch Zugang zur Wahrheit hat. Das ist der Grund für den Journalismus.

Alle applaudieren und das Gespräch über praktische Fragen ist weiterhin lebhaft. Es war erst der Anfang der Journalistenschule, in der sie lernten, bessere Profis zu werden. Wir wünschen ihnen allen viel Glück.

Es war ein ganz normaler Arbeitstag bei der "heftigen" Zeitung. Das Team war tief in seinen Verpflichtungen versunken, bis etwas Schreckliches passierte.

Excelsior

Ich fühle mich wirklich schlecht. Könntest du mich ins Krankenhaus bringen, mein Sohn?

Brito

Natürlich, Papa. Lass mich dir zum Auto helfen.

Brito trug seinen sterbenden Vater zum Auto. Dann begann er, das Fahrzeug in Richtung des städtischen Krankenhauses zu fahren. Der Vater war bereits auf dem Rücksitz des Wagens ohnmächtig geworden, was ihn noch mehr erschreckte. In seinem gequälten Gemüt war die Angst, dass sein Vater sterben würde. Es war eine Möglichkeit, aber er wollte nicht darüber nachdenken. Wer denkt schon an den Tod? Wir werden vom Universum angeregt, an das Leben zu glauben, uns ganz der Liebe hinzugeben, für unsere Träume zu kämpfen, daran zu glauben, dass Träume möglich sind. Das ist eine unglaublich schöne Geschichte, schöne Illusionen, um unseren Tag zu erhellen. Aber die große Wahrheit ist, dass wir alle Tag für Tag auf den Tod zusteuern. Und der Tod wird uns irgendwann einholen. Aber das Schöne am Leben ist, nicht darüber nachzudenken. Wir sind jedoch gezwungen, daran zu denken, wenn der Tod eines unserer Familienmitglieder ereilt. Dort offenbart sich unseren Augen die ganze menschliche Kleinheit. Die Wahrheit ist, dass wir zerbrechlich und unvollkommen sind. Das Leben ist auch zerbrechlich. In einem Moment sind wir bei guter Gesundheit, wir sind finanziell gut, aber im nächsten werden wir krank, wir haben finanzielle Probleme, wir sind traurig und wir sind deprimiert. Das Leben ist wirklich eine große Achterbahnfahrt, die uns in jedem Moment überrascht.

Er beschleunigt die Geschwindigkeit des Wagens noch ein wenig, weil er verzweifelt ist, seinen Vater um sein Leben kämpfen zu sehen. Ihr Kopf wird bombardiert von Bildern ihrer Kindheit an der Seite ihres Vaters und ihrer Mutter. Sie waren immer so nett und rücksichtsvoll zu ihm, auch wenn er sie manchmal vermasselte und in Verlegenheit brachte. Aber das war normal. Er war nur ein sich entwickelndes Kind, das versuchte, seine Rolle in der Welt zu verstehen. Und jedes Kind schaut zu seinem Vater auf. Er war stolz auf seinen Vater, einen großen Journalisten aus São Paul. Sein Vater war eine Referenz in den Printmedien der Region. Sein Vater galt als großer Mann. Das lag an seiner journalistischen Karriere und seiner großen Kompetenz als Haushaltsvorstand, einem Mann, der seine Familie immer in den Vordergrund stellte. Aus einer alteingesessenen Familie stammend, musste der Junge nur erwachsen werden und auch im Leben zurechtkommen.

Aber jetzt kämpfte er darum, das Leben seines Vaters zu retten, denn er glaubte, sie könnten sich noch ein wenig länger an der Gesellschaft des anderen erfreuen. Aber das war weit außerhalb ihrer Reichweite. Mit etwas mehr Zeit kommen sie im Krankenhaus an. Der Junge bringt seinen Vater in eine Praxis und die Ärzte beginnen, ihn zu behandeln. Er bleibt im Wartezimmer, wo andere Leute sind.

Brito

In diesem Raum befindet sich mein ganzer Schatz. Es waren mehr als zwanzig Jahre, in denen ich mit einem wunderbaren Wesen zusammenlebte. Bei ihm habe ich gelernt, Spaß an der Arbeit zu haben, Spaß am Lernen zu haben, ehrlich zu Menschen zu sein, mich um andere zu kümmern, ein guter Sohn zu sein. Es ist sehr schmerzhaft für mich, in einem Krankenhaus zu sein, während er in diesem Zimmer leidet.

Krankenschwester

Ich verstehe, Kumpel. Ich bin seit über zwanzig Jahren Krankenschwester. Hier im Krankenhaus haben wir viele Dinge gesehen und uns an den Tod gewöhnt. Aber wenn es um einen Verwandten von uns geht, tut es uns leid. Was soll ich in einer so schwierigen Zeit sagen? Viel Kraft, Belastbarkeit und Mut für dich. Seien Sie versichert. Wir hier im Krankenhaus werden unser Bestes tun, um deinen Vater zu retten. Aber manchmal liegt es nicht in unseren Händen, diese Entscheidung über Leben und Tod zu treffen. Es sieht gut aus!

Brito

Deine Worte trösten mich sehr. Ich brauche jede Ermutigung in dieser Zeit des Zweifels und der Unsicherheit. Es ist unglaublich traurig, hier zu sein, an einem Ort, an dem so viele Menschen sterben. Es ist unglaublich traurig, im Moment der Trauer nicht bei seinem Vater zu sein. Und das Schlimmste ist, dass du nichts für ihn tun kannst.

Krankenschwester

Ruhig. Es wird schon gut gehen. Ich werde sehen, wie es deinem Vater geht. Warte einen Moment.

Die Schwester stand auf und ging in das Zimmer, in dem der Sterbende lag. Etwa fünf Minuten später kehrt er mit geschlossener Miene ins Wartezimmer zurück. Traurig verkündet er:

Sein Vater starb. Er erlitt einen Schlaganfall und überlebte die Komplikationen der Operation nicht. Sie können hingehen und die Beerdigung arrangieren. Bleiben Sie ruhig. Willst du eine Umarmung?

Brito

Wollen. Das ist alles, was ich im Moment brauche.

Beide brechen in Tränen aus und weinen vor allen. Es war das Ende einer glorreichen Karriere, eines großen Mannes des

Journalismus. Nachdem die Umarmung vorbei ist, teilt das Kind den anderen Familienmitgliedern den Verlust mit und bereitet die Vorbereitungen für die Beerdigung vor. Wenigstens ein würdiges Begräbnis hätte er haben müssen, denn er war ein großer Mann und ein großer Fachmann gewesen. Möge Gott alle segnen, die den Verlust ihrer Familie erleiden.

Das glorreiche Begräbnis des Journalisten

Excelsior wurde einen ganzen Tag lang im Gebäude der Zeitung beigesetzt, deren Gründer er war. Familie, Verwandte, Freunde, Kollegen und einflussreiche Politiker nahmen an der Zeremonie teil. Nach all den Ehrungen begann die Prozession zum Friedhof.

Brito geht neben seiner Mutter, die in Tränen ausgebrochen ist. Sie müssen sich intensiv anstrengen, um zu gehen, weil die Traurigkeit so groß ist. Er war viele Jahre lang an der Seite dieses großen Mannes gegangen, und es war sein letzter Abschied auf Erden. Ein schmerzlicher Abschied, aber mit der Gewissheit, dass eine Mission glänzend erfüllt wurde.

Bis zum Friedhof waren es etwa zwanzig Minuten. Bevor wir den Sarg ins Grab legen, wollen wir uns die letzten Huldigungen anhören, die ihm erwiesen wurden.

Brito

Das war mein großer Vater. Ein großartiger Journalist, ein großartiger Fachmann, ein großartiger Mann, ein Spiegel für das Leben. In den zwanzig Jahren, die ich mit ihm zusammenlebte, hatte ich das Vergnügen, von ihm zu lernen, was ich heute bin: ein junger Mann, der sich der Arbeit widmet, ehrlich, engagiert für andere, höflich, liebevoll, fürsorglich, freundlich und sehr fleißig. Er hat mich wirklich dazu inspiriert, ein guter Mensch zu sein. Deshalb werde ich dich für immer lieben, mein Vater.

Rita

Er war über dreißig Jahre lang mein Ehemann. Er war ein Beispiel für einen ehrlichen Mann, der sich für seine Familie einsetzte. In all den Jahren respektierte er mich und zeigte mir wahre Liebe. Wir waren glücklich in jedem der Momente, die wir zusammen erlebten. Wir bekamen unsere Kinder, die heute unser größter Stolz sind. Er wird von nun an jederzeit mein Begleiter sein. Geh in Frieden, großer Mann.

Mozart

Als Vertreter der Journalisten in São Paul sind wir gekommen, um unserer geliebten Excelsior die letzte Ehre zu erweisen. Es war eine unglaublich schöne Karriere vor mehreren Medien. Seine großartige Walnuss-Reportage ließ einen am Gerechtigkeitssinn zweifeln. Er war ein Mann, der sich für soziale Belange einsetzte, für die Verfolgten und für ein besseres Brasilien kämpfte. Seine Karriere war emblematisch und hat uns alle, seine Fans, angesteckt. Möge er in Frieden ruhen, mein Lieber.

Der Sarg sinkt in das Loch hinab und es folgt ein Applausregen. Da geht ein großer Mann für die Ewigkeit. Dass die Familienmitglieder diesen Verlust überwinden und mit der Gewissheit der Ewigkeit weiterleben können. Möge Gott ihn in seiner ewigen Wohnstätte willkommen heißen.

Abschließende Zusammenfassung

Das Leben ging weiter und bald kam die Familie über den Verlust des Journalisten hinweg. Brito übernahm als sein Erbe die Leitung der Zeitungen. Er absolvierte die Journalistenschule, heiratete und wurde ein bedeutender Geschäftsmann in Brasilien. Er wurde zu einer großen brasilianischen Ikone, international respektiert für den großen Profi, der er wurde. Brito war einer der großen Männer der nationalen Medien.

In unserem Leben geht es nicht nur um uns selbst. Obwohl wir oft individuell denken, müssen wir auch kollektiv denken. Denn es gibt viele Menschen, die gerade leiden. Denn es gibt Menschen, die kaum genug zu essen haben und niemanden haben, an den sie sich wenden können. Und es ist unglaublich traurig, darüber nachzudenken und darüber nachzudenken, aber es ist notwendig. Natürlich ist das Leben nicht für jeden ein Kranz.

Unsere Errungenschaften sind verdient. Sie sind das Ergebnis anspruchsvoller Arbeit, oft jahrelanger Arbeit. Feiere immer das, was du verdient hast, um vom Universum zu gewinnen. Aber vergesst nicht die Armen. Vergesst nicht die Leidenden. Vergesst nicht die Bettler, die Waisen, die Witwen, die Straßenkinder, die Obdachlosen, die Landlosen, vergesst nicht euer Versprechen, den Planeten Erde zu verbessern.

Arbeite für diejenigen, die es am meisten brauchen. Arbeiten Sie, indem Sie von den Regierungen ein Engagement für soziale Zwecke verlangen. Arbeite als Freiwilliger für soziale Zwecke. Wenn Sie können, spenden Sie eine Wohltätigkeitsorganisation. Das ist gut für unsere Seele und noch viel mehr für andere. Wenn wir uns wirklich dem Universum hingeben, leuchtet unser Stern hell und konstant.

Woher kommen wir? Wohin gehen wir? Wie sieht unsere Zukunft aus? Werden wir tödliche Krankheiten entwickeln? Werden wir in der Liebe glücklich sein? Werden wir in diesem Beruf weitermachen, den wir so sehr lieben? Lohnt es sich, alles in die Luft zu werfen und das zu tun, was uns gefällt, auch wenn wir weniger verdienen? Hast du dich jemals gefragt, wie das Universum entstanden ist?

Wir wissen so gut wie nichts. Der Mensch ist klein und begrenzt. Unser Leben hat nur deshalb eine Daseinsberechtigung, weil uns etwas bewegt: unsere Träume. Es ist für unsere Träume, dass wir weiterhin so viele Stürme und Ungerechtigkeiten leben und überleben. Seien Sie also in keiner Weise stolz. Das Leben lehrt die Arroganten und macht sie zur rechten Zeit nieder. Das Leben lehrt Demut, und große Männer waren einst sehr demütig. Denken Sie darüber nach: Wer sind Sie, dass Sie sich anderen überlegen fühlen? Wir sind nichts und kommen aus dem Nichts.

Weil wir klein sind, suchen wir eine spirituelle Zuflucht in der Religion. Aber eine Religion, die Minderjährige versklavt und ihnen gegenüber Vorurteile hegt, sollte kein Vorbild sein, dem man folgen sollte. Es ist besser, ohne Religion zu leben, als heuchlerisch mit den Menschen umzugehen. Also, an welche Religion glaube ich? Ich glaube an Gott. Ich bin ein nicht praktizierender Christ. Warum übe ich nicht? Weil ich denke, dass Gott überall ist und ich nicht in einen Tempel gehen muss, um Ihn anzubeten. Da ich mit einigen Dingen in Bezug auf Religion nicht einverstanden bin, ziehe ich es vor, meinen Glauben zu Hause auszuüben. Und ich habe meine eigenen Regeln, an die ich mich halte. Hier sind meine dreißig Gebote: 1) Liebe Gott über alles, dich selbst und andere.

2) Da er keine irdischen oder himmlischen Götzen hat, ist Jahwe der einzige, der es wert ist, angebetet zu werden.

3) Sprich den heiligen Namen Gottes nicht vergeblich aus und versuche ihn nicht; Und quält auch nicht diejenigen, die sie bereits angerufen haben.

4) Nehmen Sie sich mindestens einen Tag in der Woche Zeit, um sich auszuruhen, vorzugsweise am Samstag.

5) Ehre Vater, Mutter und Familienmitglieder.

6) Töten Sie nicht, verletzen Sie andere nicht körperlich oder verbal.

7) Verfälschen Sie nicht, praktizieren Sie keine Pädophilie, Zoophilie, Inzest und andere sexuelle Perversionen.

8) Stehlen Sie nicht, betrügen Sie nicht beim Glücksspiel oder im Leben.

9) Lege kein falsches Zeugnis ab, verleumde, verleumde, lüge nicht.

10) Begehre oder beneide nicht die Besitztümer deines Nächsten. Arbeiten Sie daran, Ihre eigenen Ziele zu erreichen.

11) Sei einfach und bescheiden.

12) Üben Sie sich in Ehrlichkeit, Würde und Loyalität.

13) Seien Sie in familiären, sozialen und beruflichen Beziehungen immer verantwortungsbewusst, effizient und fleißig.

14) Vermeiden Sie gewalttätige Sportarten und Spielsucht.

15) Konsumieren Sie keine Art von Droge.

16) Nutze deine Position nicht aus, um deinen Frust am anderen auszulassen. Respektiere die Untergebenen und Vorgesetzten in ihren Beziehungen.

17) Habe keine Vorurteile gegen irgendjemanden, akzeptiere, was anders ist und sei toleranter.

18) Urteile nicht und du wirst nicht verurteilt werden.

19) Sei nicht pingelig und lege mehr Wert auf eine Freundschaft, denn wenn du dich so verhältst, werden sich die Leute von dir entfernen.

20) Wünsch deinem Nächsten kein Leid und nimm das Gesetz nicht selbst in die Hand. Dafür gibt es die richtigen Organe.

21) Sucht nicht den Teufel, um die Zukunft zu befragen oder gegen andere zu arbeiten. Denken Sie daran, dass alles seinen Preis hat.

22) Wisse, wie man vergibt, denn wer anderen nicht vergibt, verdient Gottes Vergebung nicht.

23) Übt euch in Nächstenliebe, denn sie tilgt die Sünden.

24) Hilf oder tröste die Kranken und Verzweifelten.

25) Beten Sie täglich für sich selbst, Ihre Familie und andere.

26) Bleibe mit Glauben und Hoffnung in Jahwe, egal in welcher Situation.

27) Teilen Sie Ihre Zeit proportional zwischen Arbeit, Freizeit und Familie auf.

28) Arbeite daran, Erfolg und Glück zu verdienen.

29) Du willst kein Gott sein, indem du deine Grenzen überschreitest.

30) Übe immer Gerechtigkeit und Barmherzigkeit.

Was ich glaube, ist eine Kombination aus den Geboten der Bibel und den guten Praktiken eines ehrlichen Menschen. Das ist es also, was mich im Grunde auf den Wegen des Lebens leitet. Ich respektiere auch alle Glaubenssätze, die es auf der Erde gibt. Ich glaube, dass Religion eine Person nicht definiert. Was Menschen ausmacht, ist der Charakter. Was einen Menschen ausmacht, ist Nächstenliebe. Was einen Menschen ausmacht, ist Ehrlichkeit. Was einen Menschen ausmacht, ist die Arbeit. Was einen Menschen ausmacht, ist der Glaube. Sei ein großer Apostel des Guten. Sei glücklich mit deinen Entscheidungen.

Moderne Beziehungen haben sich weiterentwickelt. Worüber heutzutage am meisten gesprochen wird, ist die dreifache, vierfache, offene Beziehung. Aber macht das die Menschen glücklich? Weit davon entfernt, darüber zu urteilen, aber ich stamme aus der Antike. Ich würde nie mit mehr als einem Freund gleichzeitig zusammen sein.

Ich komme aus der Zeit des respektvollen Datings, wo Sex erst nach der Heirat stattfand. Ich komme aus der Zeit, in der ich mich mit Paaren verabredet habe, die Händchen hielten, wo sie sich beide respektierten und glücklich waren. Doch inzwischen ist das alles längst vorbei.

Wie geht es heute weiter? Wir haben die Liberalität des Geschlechts, der Meinung, ein breiteres Wissen in der Werbung. Heutzutage lernen wir eine Person in der Tiefe kennen, während wir uns noch verabreden. Und dann können wir uns entscheiden, die Beziehung zu beenden oder zu heiraten.

Ich weiß nur, dass es heutzutage viele Scheidungen gibt, ein Zeichen dafür, dass die Leute nicht richtig gewählt haben. Heutzutage sind Beziehungen sehr kurzlebig, was ein wenig von einem Mangel an Liebe zeugt. Der Mangel an Liebe und Empathie hat Beziehungen in großem Umfang beschädigt.

Es gibt Menschen, mit denen man nur schwer umgehen kann. Es gibt Menschen, die psychische Probleme mit sich herumtragen. Es gibt Menschen mit Schizophrenie, Autismus, Bipolarität. All dies kann eine Herausforderung für diejenigen sein, die sich mit ihnen identifizieren wollen. Wenn Sie also das Problem verstehen, nehmen Sie es entweder in Kauf oder flippen Sie aus.

Es ist deine Entscheidung, in Schwierigkeiten zu geraten oder nicht. Es ist deine Wahl, in der Hölle oder im Himmel zu leben. Es ist deine Wahl, ob du auf dem rechten oder linken Weg bist. Du hast die Wahl, frei oder engagiert zu leben. Triff also die richtige Entscheidung, um gut mit dir selbst, mit Gott und mit anderen zu leben.

Unterschätzen Sie sich nicht

Unterschätze dich nicht. Du bist besonders gut in dem, was du tust. Du bist innerlich schön, für all die wohltätigen Taten, die du tust. Was also, wenn Soundso hübscher, reicher und attraktiver ist? Es ist sein Problem. Sei glücklich mit dir und für dich zahlt niemand deine Rechnungen.

Ich habe immer gedacht, dass ich in der Schule, bei der Arbeit, in meiner Familie und in meinem Privatleben die Beste bin. Ich war schon immer mein größter Unterstützer. Wenn ich schreiben wollte, erzählte mir meine Familie negative Dinge, aber ich ließ meinen Traum nicht enden. Ich schrieb weiter, mit der ganzen Kraft meiner Seele. Heute habe ich mehr als fünfzig Bücher in mehr als dreißig Sprachen veröffentlicht. Ich bin schon weit gekommen.

Das Leben ist also ein großer Weg, den du gehen musst. Das Schicksal führt uns schnell zum Ende, zu einer bestimmten Mission. Wisse, wie du das im Leben erkennst. Wisse, wie man für das Gute arbeitet, und du wirst große Früchte ernten.

Warum werden viele Menschen vergessen, wenn sie ins hohe Alter kommen?

Das Alter ist die letzte Lebensphase eines Menschen. In dieser entscheidenden Phase müssen wir die Menschen mehr wertschätzen. Vergessen Sie nicht die alten Menschen, denken Sie daran, sie zu schätzen, denn sie haben lange Zeit gearbeitet und zu einem besseren Brasilien beigetragen.

Wertschätze alte Frauen. Am häufigsten bevorzugen Männer junge Frauen gegenüber alten. Das ist schade, denn alte Töpfe sind diejenigen, die leckeres Essen machen.

Schätze alte Männer. Schätzt all älteren Menschen, denn sie brauchen viel Hilfe, um ein erfülltes Leben zu führen. Das Alter ist ein Porträt der Vergangenheit. Dies sind Menschen, die in einem besseren Land gelebt und dazu beigetragen haben und daher den lang ersehnten Ruhestand verdienen. Es lebe alles Alte.

Welches ist das Richtige für mich?

Die richtige Person für mich ist diejenige, die zu meinem Lebensprojekt passt. Er ist derjenige, der glänzt, mit Fehlern und Qualitäten, und der dich zum Lächeln bringt. Er ist treu, anhänglich, liebevoll, weiß mich zu verwöhnen und sieht gut aus. Aber vielleicht ist das zu viel verlangt für einen Mann. Manchmal ist es gut, sich mit weniger zufrieden zu geben.

Der ideale Mann ist der Mann, der Sie überrascht. Der sanft ist, Gentleman in allen Situationen. Wer öffnet die Autotür, wer zieht den Stuhl an einer Bar hoch, wer schenkt Ihnen Blumen und Geschenke zu besonderen Terminen. Der sanfte Mann ist im Niedergang begriffen und wird immer seltener.

Verlange weniger und du bekommst mehr. Warte weniger und du wirst mehr Glück und Erfüllung haben. Verlange keine Perfektion, so etwas gibt es nicht. Sei menschlich wie alle anderen, sei treu, sei angenehm, glaube an die Liebe bis zum Ende. Geht mit euren Träumen voran und möge der Herr euch segnen.

Welche Bedeutung hat Schönheit in einer Beziehung?

Äußere Schönheit ist etwas, das Ihre Aufmerksamkeit erregt und Sie im ersten Moment des Zusammenlebens anzieht. Aber was danach wirklich zählt, ist die innere Schönheit, der Charakter, die Freundlichkeit und die Großzügigkeit der Person. Keine äußere Schönheit ist in der Lage, die Beziehung lange aufrechtzuerhalten.

Die äußere Schönheit ist verschwunden. Wir sterben alle und mit ihm verschwindet auch die Schönheit. Um also in einer Beziehung mit einer Person zu bleiben, musst du lieben, Affinitäten haben. Es ist also durchaus möglich, das Hässliche zu mögen, wenn diese hässliche Person ein guter Mensch ist und dich gut behandelt.

Aber leider ist das Aussehen bei der Arbeit, in sozialen Beziehungen und für die Gesellschaft im Allgemeinen von grundlegender Bedeutung. Die Menschen bewundern und fühlen sich von den Schönen angezogen. Diejenigen, die hässlich sind, diejenigen, die arm sind, diejenigen, die schwarz sind, diejenigen, die homosexuell sind, diejenigen, die transsexuell sind, diejenigen, die Frauen sind, bekommen nicht viel Aufmerksamkeit. Das erklärt die Tatsache, dass ich im Alter von vierzig Jahren immer noch nicht ausgegangen bin. Ich gehöre nicht zu dem Standard, um den sich die Gesellschaft kümmert.

Aber Gott sei Dank bin ich auch alleine ein unglaublich glücklicher Mensch. Ich habe meine Selbstliebe, ich habe meinen Gott, der mich sehr liebt, ich habe meine Familie, die meine Stütze ist, ich habe einen Glauben und ein Urteilsvermögen, das mich auf den richtigen Weg führt. Mir fehlt nichts in meinem Leben. Und so setze ich mein Leben fort und glaube an bessere Tage. Lasst uns vorwärts gehen, die Menschen kommen hinterher.

Wie bekommt man eine gute Beziehung?

Wie kann ich eine gedeihliche Beziehung führen? Wie kann man beruflich Erfolg haben und lieben? Wie kann man sich gut fühlen und glücklich werden? Es gibt so viele Dinge, die man analysieren und reflektieren kann. Aber das erste, was mir in den Sinn kommt, ist, dass du dich so akzeptierst, wie du bist, emotionale Stabilität hast, Selbstliebe hast und einen Sinn für Gerechtigkeit und Menschlichkeit hast.

Alles, was du tun kannst, kommt von unseren Emotionen. Und wie kümmern wir uns um diesen Aspekt? Das Gute ist, zu studieren. Allgemeines, politisches, soziales, religiöses und philosophisches Wissen gibt Ihnen die Möglichkeit, sich einen Vorteil zu verschaffen. Wenn wir die Besitzer des Wissens sind, wenn wir Meister unseres Herzens sind und wenn wir unsere Entscheidungsfreiheit ausüben, haben wir den notwendigen Dreiklang, um erfolgreich zu sein und glücklich zu sein.

Erfolgreich zu sein ist viel mehr als nur Ergebnisse zu erzielen. Um erfolgreich zu sein, muss man seinen Platz in der Welt haben und seine Staatsbürgerschaft voll und ganz ausüben. Bin ich zufrieden mit dem, was ich habe und was ich im Leben erreicht habe? Wenn die Antwort nein ist, verfolgen Sie Ihre neuen Träume. Es sind unsere Träume, die uns auf einen Weg voller Glück führen. Und unser persönliches Glück hat mehr mit uns selbst zu tun als mit anderen. Wenn wir mit uns selbst nicht zufrieden sind, können wir unseren Partner nicht glücklich machen. Suchen Sie also zunächst nach Ihrem persönlichen Glück.

Zu viel Eitelkeit schadet uns

Junge Menschen sind sehr eitel. Sie sind wie Lokomotiven ohne Bremsen, die ohne Kontrolle weiterfahren. Das ist das Gute an der Jugend. In der Jugend können wir alles tun, wir denken nicht über die Konsequenzen der Dinge nach und wir leben das Leben intensiv.

Ich war ein rebellischer und sinnlicher junger Mann. Er war der Junge, der gerne anderen seinen zeigte, um sich geliebt und gewollt zu fühlen. Dies geschah etwa drei Jahre lang in der Wüste. Danach erweckte mich etwas Höheres und ich wurde ein vernünftiger Mensch. Ich schuf Scham auf meinem Gesicht und wurde der Mann, von dem ich immer geträumt hatte.

Eltern, macht euch nicht so viele Sorgen um eure Kinder. Sie befinden sich in der Phase der Entdeckung und der Sexualität; In diesem Lernen ist alles gültig. Es ist normal, dass sie auf eine Party gehen und sich mit fünf Mädchen gleichzeitig verabreden. Es ist normal, dass sie mit den Gefühlen anderer Menschen spielen, aber auch extrem enttäuscht sind. Versuchen Sie in dieser schwierigen Phase, ein offener Kommunikationskanal mit Ihrem Kind zu sein. Er wird deinen Rat brauchen, um den richtigen Weg zu gehen. Achten Sie darauf, dass Ihr Kind keinen großen Fehler macht.

Darüber hinaus befreien Sie Ihre Kinder davon, ein gesundes Leben ohne große Verpflichtungen zu führen. Sie werden selbst lernen, was die beste Wahl für ihr geschäftiges und gewünschtes Leben ist. Und wenn sie den richtigen Weg kennen, wird es ihnen leichter fallen, zu wachsen und sich zu entwickeln. Übe dich nicht in Eitelkeit. Sei demütig, einfach, freundlich und großzügig zu allen Menschen.

Menschen beenden Beziehungen mit der Motivation, neue Erfahrungen zu machen. Was ist davon zu halten?

Loslassen. Niemand besitzt jemanden, der dem Leben eines Menschen im Weg steht. Aber wenn du gehen willst, dann geh für immer. Du willst nicht zurückkommen wollen, denn das ist ein Spiel mit den Gefühlen anderer Menschen. Wieder mit einem alten Freund zusammenzukommen ist der größte Fehler, den du im Leben machen kannst, um zu versuchen, ein mögliches emotionales Bedürfnis auszugleichen.

Wie löst man ein affektives Bedürfnis? Wie lösen wir die Qual des Alleinseins? Wenn es die Frage nach Sex ist, wird sie nur mit Sex gelöst. Aber wenn es eine emotionale Bedürftigkeit ist, dann müssen wir daran arbeiten, damit wir autark sind. Wenn unsere Liebe zu uns selbst ausreicht, suchen wir das Glück nicht in einem anderen.

Um eine wirklich glückliche Beziehung zu führen, muss ich mir bewusst sein, was ich von der anderen Person will und wünsche, damit es meine Wünsche und Bestrebungen ergänzt. Wenn wir ergänzt werden, haben wir ein gutes Gefühl, dass wir vollkommenes Glück mit uns haben. Wahrheit. So sehr wir auch Selbstliebe haben, es fehlt immer etwas. Was fehlt, ist eine Liebkosung, eine Umarmung, ein Gute-Nacht-Kuss, ein sexueller Austausch, eine Komplizenschaft. Die Theorie der Selbstliebe funktioniert also, aber sie ist nicht vollständig.

Es gibt viele Faktoren, die eine Person in einer problematischen Beziehung gefangen halten: von finanzieller bis hin zu emotionaler Abhängigkeit, Angst vor dem Alleinsein, Angst vor Verurteilung durch andere Menschen und Angst vor der Gesellschaft. Was auch immer der Grund ist, der dich in einer Sackgasse hält, es ist Zeit zu reagieren.

Heile deine emotionale Abhängigkeit. Werden Sie selbstständig. Werden Sie zum Anführer Ihrer selbst. Werde zum Meister deiner Handlungen und zum Protagonisten deiner Geschichte. Mit all dem wird sich dein Geist für das öffnen, was dir wirklich wichtig ist. Es geht mehr um dich selbst als um andere.

Werden Sie finanziell unabhängig. Gehen Sie aufs College, nehmen Sie an Qualifizierungskursen teil, legen Sie öffentliche Prüfungen ab, treten Sie in den Arbeitsmarkt ein. Wenn Sie der Meister Ihrer finanziellen Unabhängigkeit sind, werden Sie weniger von anderen abhängig sein. Wenn wir einen Job haben, wenn wir unseren künstlerischen Ausdruck haben, wenn wir unsere Individualität und Originalität bewahrt haben, wenn wir den Mut haben, die richtigen Entscheidungen zu treffen, haben wir alles, um aus einer missbräuchlichen Beziehung herauszukommen.

Kümmere dich weniger darum, was andere denken. Wenn wir unsere eigenen Rechnungen bezahlen, hat niemand das Recht, mitzubestimmen, was wir vorhaben. Seien Sie also frei, die Zügel Ihres Lebens in die Hand zu nehmen. Sei frei, deine Freunde zu Hause zu empfangen, sei frei zu reisen und deine Liebesbegegnungen zu haben, sei frei, deine eigenen Entscheidungen zu treffen, auch wenn du es vermasselt hast. Es ist dieses Lernen, das dich zu einem weisen Menschen machen wird.

Kurz gesagt, bleiben Sie aus keinem Grund in einer problematischen Beziehung. Dein Glück ist wichtiger. Bringen Sie also für niemanden Opfer, denn es lohnt sich nicht. Lebe dein Leben, solange du noch das Gute und Beste genießen kannst. Genießen Sie, denn das Leben vergeht erstaunlich schnell.

Was hindert euch sonst noch daran, eine Beziehung aufzubauen?

Es ist ihre Einstellung. Es ist nicht immer die Schuld des Mannes, dass er dir keine Aufmerksamkeit schenken will. Manchmal stößt du mit deiner negativen Einstellung Menschen weg. Auf den ersten Blick erkennen wir, wer uns Zuneigung, Aufmerksamkeit, Zuneigung oder Liebe geben kann. Nicht nur das Äußere ist wichtig, sondern auch die Art und Weise, wie die Person dich behandelt. Das ist der Punkt, an dem Beziehungen beginnen.

Wenn du etwas willst, dann tu es. Wirke nicht wie die arme Geschichte, die andere beeindrucken will. Sei du selbst, ohne es zu nehmen oder anzuziehen. Ich fühle mich zu einfachen und wahren Menschen hingezogen, so wie die meisten Männer. Das Schwierigste heutzutage ist es, authentische Menschen zu finden.

Priorisieren Sie sich bei jeder Gelegenheit. Lösche dich niemals, um anderen zu gefallen. Wenn die Leute dich mögen oder hassen wollen, ist das ihr Problem. Lebe für dich selbst und nicht für andere. Kommen Sie immer zuerst und fordern Sie das Gleiche vom anderen. Liebe, die nicht erwidert wird, ist es nicht wert.

Vielen Frauen fällt es schwer, ihren Partner frühzeitig zu akzeptieren. So sehr sie diesen Mann auch wollen, sie spielen es als eine Art romantisches Spiel. Nach einigen Tagen des Nachdenkens nehmen sie den Vorschlag schließlich an und das Spiel geht weiter.

Männer verhalten sich anders als Frauen. Männer sind im Spiel der Liebe immer leicht zu gewinnen. Aber wenn sie die Frau nicht wollen, hat es keinen Sinn, darauf zu bestehen. Ich bin der Meinung, dass man sich von Anfang an darüber im Klaren sein sollte. Dadurch wird unnötiges Leid vermieden.

Wir sind Schauspieler im großen Theater des Lebens

Unser Leben ist ein großartiger Roman, in dem Gott der Hauptautor ist. Als gute Schauspieler agieren wir im Leben gegensätzlich. Wir haben gute und schlechte Zeiten, Kummer und Freude, Armut und Reichtum, Gesundheit und Krankheit, Reisen und Jahreszeiten zu Hause durchlebt. Unser Leben ist ein großes Lernen und eine Mission, für die wir auf die Erde gekommen sind.

Ich habe in vierzig Jahren meines Lebens viel gelernt. Ich habe aus meinen Erfahrungen gelernt, ein guter Mensch zu sein, Charakter und Ehrlichkeit zu haben, wohltätig, freundlich und großzügig zu sein. Es ist Teil meines Lebens: meine Kindheit auf dem Land, meine Kindheit beim Lesen von Büchern, mein Studium in meiner Kindheit, meine Jugend auf dem College, meine Jugend bei der Arbeit, meine Jugend, in der ich von Liebespartnern verstoßen wurde, mein Erwachsensein als Schriftsteller und Beamter, mein Erwachsensein als Familienoberhaupt.

Ich glaube, es wurde alles geschrieben. Aber es brauchte Gottes Flamme, um mich zu erleuchten, und ich musste die richtigen Entscheidungen treffen. Im Theater des Lebens habe ich von fast allem, was man sich vorstellen kann, ein bisschen erlebt. Mit vierzig Jahren bin ich ein reifer Mensch und Meister meiner selbst.

In den vierzig Jahren, die seitdem vergangen sind, habe ich gelernt, wie wichtig Gott während meiner gesamten Karriere war. Ich habe gelernt, dass Gottes Liebe einzigartig ist, und das führt mich in einen Garten der Freuden. Alle meine Gegner fallen zu Boden, weil sie mich gedemütigt haben, weil sie sich überlegen fühlen, weil sie eine höhere Position haben. Für jeden von ihnen hat das Leben für sein Fehlverhalten bezahlt.

Was ich gelernt habe: Wir haben keine Chefs in diesem Leben. Wir haben nur Menschen mit einer höheren Position, denen aber die Welt nicht gehört. Natürlich kann die Macht eines Chefs dich sogar von deinem Job entlassen. Aber sie können dir deine Lebensfreude und dein Talent nicht nehmen. Lass niemals zu, dass jemand nicht an dein Potenzial glaubt.

Was wünsche ich mir für meine Zukunft? Ich möchte so lange wie möglich in meinem Job bleiben. Der Job hat mir so viele Erfolge beschert: Ich habe mein Haus renoviert, ich habe vielen Menschen geholfen, ich habe meiner Mutter geholfen, ich habe mir meinen Traum erfüllt, Komponist zu sein, Filmemacher zu sein und Schriftsteller zu sein. Obwohl ich seit meinem dreiundzwanzigsten Lebensjahr die Gabe des Schreibens besaß, konnte ich nur mit der finanziellen Macht einer Anstellung regelmäßig publizieren. Ich bin also seit zehn Jahren in meinem jetzigen öffentlichen Amt und das war immer der Job, den ich wollte, seit ich auf dem College war. Aber es liegt nicht in meinen Händen, bis zur Rente im Job zu bleiben. Es gibt viele Variablen bei der Beschäftigung, die mich zurückhalten können.

Was will ich von meiner Literatur? Ich möchte meine literarische Laufbahn fortsetzen, bis ich ziemlich alt bin. Wenn ich das machen will, mein Beruf? Hängt. Ich bin mir immer noch nicht sicher, ob ich das Schreiben zu meiner Haupteinnahmequelle machen kann, da ich kein gut verkaufter Autor bin. Aber unabhängig davon werde ich mit meiner Literatur weitermachen, auch wenn es nicht Vollzeit ist. Ich liebe Literatur und sie rettet mich vor Depressionen, vor der Monotonie des Lebens, vor meinen Problemen. Wie auch immer, Literatur ist für mich eine besonders gute Therapie.

Was denke ich über meine zukünftige Liebe? Im Moment bin ich nicht auf der Suche nach jemandem. Ich lebe mit einer Person zusammen, die mich kontrolliert, die mir nicht erlaubt, Beziehungen zu haben. Wenn ich also in meinem Haus bleiben will, muss ich mich seinen Befehlen fügen. Und ich kann das Haus nicht verlassen, ich habe keine Unterstützung außerhalb des Hauses. Es ist besser, in der Gesellschaft von Geschwistern zu sein, als allein zu sein. In letzter Zeit habe ich nicht mehr so sehr an die Liebe geglaubt. Heutzutage ist das finanzielle Interesse sehr groß, und ich möchte nicht auf einen Betrug hereinfallen, der mir das wenige Geld, das ich habe, wegnehmen würde.

Wie kümmere ich mich um deine emotionalen?

Kümmere dich gewissenhaft um dich selbst. Machen Sie Ihren besten Geschmack aller Zeiten. Wenn Sie etwas ausprobieren möchten und Ihr Geld etwas gibt, tun Sie es. Wir dürfen nicht zulassen, dass uns die guten Früchte unserer Arbeit entgehen.

Analysiere deine Einstellungen. Sehen Sie, wo Sie Fehler gemacht haben oder gescheitert sind, und beheben Sie es. Das Gute am Leben ist, dass man es unendlich oft ändern kann, wenn es sein muss. Es gibt immer eine Chance, ein besserer Mensch zu werden. Ein besserer Mensch zu werden, ist besonders gut für unser spirituelles Leben. Wir sind hier, um uns weiterzuentwickeln und anderen zu helfen.

Entwickeln. Überlegen Sie, was Sie verbessern können, und legen Sie los. Habt keine Angst, euch weiterzuentwickeln und ein Narr zu werden. Es ist besser, ein guter Narr zu sein, als ein Mensch ohne Gefühle. Es ist besser, gut darin zu sein, an Menschen zu glauben, als sein Herz vor Veränderungen zu verschließen.

Öffne deinen Geist und dein Herz. Helfen Sie denen, die es wirklich brauchen. Es gibt so viele Organisationen, die den Unterprivilegierten helfen, und du könntest ein Teil davon sein. Oder du hilfst Menschen in deiner Nachbarschaft, die selbst einen Lebensmittelkorb benötigen. Es ist einfach, aber nicht jeder tut es.

Was bedeutet es, seinen Nächsten zu lieben?

Seinen Nächsten zu lieben bedeutet, ihn zu respektieren. Seinen Nächsten zu lieben bedeutet, sich um ihn zu kümmern, aber ohne sich in sein Privatleben einzumischen. Seinen Nächsten zu lieben bedeutet, ihm so oft wie nötig zu vergeben. Sich selbst zu lieben bedeutet, dem Nächsten zu vergeben, ohne jedoch mit ihm leben zu müssen.

Woher weiß ich, dass ich meinen Nächsten liebe? Wenn ich keine Vorurteile oder Diskriminierung habe. Wenn ich die Schwarzen, die Homosexuellen, die Transsexuellen, die Waisen, die Straßenkinder, die Bettler, die Armen, die Hässlichen, die Frauen liebe, dann bin ich anders als die Gesellschaft. Das Wichtigste ist, zu verstehen, dass wir alle gleich sind, niemand ist besser als jemand anderes.

Liebe ist Geben, sie ist Hingabe, sie ist Befreiung. Lieben bedeutet, sich in den anderen hineinzuversetzen. Zu lieben bedeutet, Barrieren zu durchbrechen. Liebe sagt mehr über uns aus als über andere. Ich gebe dir meinen Frieden, ich bin der Friede.

Glaub mir, derjenige, der alles rettet. Ich bin wahre Liebe und wahre Nahrung für alle.

Der Mensch wurde geschaffen, um kooperativ zu handeln. Mit jeder guten Tat wirst du deine eigene Dunkelheit ersticken und einen breiten Weg vor dir haben. Auch wenn dich niemand ermutigt, denke daran, dass es einen Schöpfervater gibt, der dich bewundert und unterstützt.

Wie wichtig ist es, Gutes zu tun? Welche Bedeutung hat es, ein Akteur des Wandels zu sein? Als Quelle der Veränderung fangen wir an, aktiv im Leben zu handeln. Es ist schlecht, das Leben ohne Handlung verstreichen zu lassen, es ist, als würde man akzeptieren, dass eine Energie einen völlig dominiert. Aber nein. Wir können und müssen unser Schicksal selbst in die Hand nehmen.

Was ist Schicksal? Es ist eine Energie aus dem Universum, die dir hilft, deine Träume wahr werden zu lassen. Können wir das Schicksal ändern? Natürlich können wir das. Nichts ist irreversibel. Nichts stagniert. Das Universum ist reine Bewegung, und wir sind kleine Figuren eines Schachspiels. Sei ein talentierter Spieler.

Was bedeutet es, ein talentierter Spieler zu sein? Es geht darum, ein Stratege zu sein. Es ist das Wissen, dass alles den richtigen Zeitpunkt hat, um zu geschehen. Es ist das Wissen, dass wir in der Lage sind, das Spiel zu unseren Gunsten zu verändern. Ja, wir sind zu großen Siegen fähig. Lassen Sie nicht zu, dass andere Ihre Fähigkeiten messen. Lass dich nicht führen.

Lass dich nur vom Schicksal leiten. Das Ziel ist die große Strömung des Flusses, die fließt. Also, gib dich ihm hin oder kämpfe. Aber bevor du das tust, denke liebevoll an dich selbst. Sie sind und sollten immer Ihre Priorität sein. Sei in erster Linie glücklich, zu deinem eigenen Besten.

Der Weg zu den Caraíbas

Ein Jahr Geschichte in meinem Leben. Sehnsucht nach einer Zeit, die nicht wiederkommt. Ich lief fast jeden Tag anderthalb Meilen zur Arbeit. Ich fühle mich würdig, denn obwohl es ein einfacher Job war, habe ich mich sehr angestrengt. Ein Traum wird wahr.

Caraíbas ist der Name des Dorfes, in dem ich ein Jahr lang als Verwaltungsassistent in der Gemeinde Arcoverde gearbeitet habe. Es war mein zweiter Job in einer Beamtenprüfung. Es war eine gute Lernzeit mit den Schülern. Allerdings hatte ich zwei unerträgliche Chefs.

In den Caraíbas habe ich gelernt, Suppe mit hartgekochten Eiern zu essen. Manchmal aß ich mit den Lehrern Hühnchen und Couscous. Die Lehrer waren nett und bezahlten für den Snack. Mein Gehalt als Verwaltungsassistent war äußerst gering. Ich habe gearbeitet, um bei den Ausgaben für das Mathe-College zu helfen. Gott sei Dank hat mir die Arbeit sehr geholfen. Ich kaufte Bücher, ich bezahlte Tickets, ich kaufte Kleidung, ich kaufte Essen, und ich sparte immer noch etwas an Ersparnissen. Ich bin unglaublich dankbar für dieses eine Jahr Arbeit.

Es war Matheschule, und ich war schon in der vierten Stunde. Der Tag war wirklich hektisch. Am Morgen arbeitete ich in den Caraíbas. Nachmittags lernte ich und erledigte College-Aufgaben. Abends ging ich aufs College. Gott sei Dank habe ich immer nach einem besseren Leben gestrebt. Ich kann sagen, dass ich stolz auf mich bin, dass ich so ein hart arbeitender Mensch bin.

Alles im Leben hat ein Warum und einen Grund, absolut nichts ist zufällig. So ist es auch mit der Menschheit. Jeder, der auf diesen Planeten kommt, der ein Ort der Sühne und der Prüfungen ist, hat eine Mission zu erfüllen. So ist es mit jedem. Ob groß oder klein, wir haben auf dem Planeten eine lebenswichtige Funktion für den Fortbestand des Lebens.

Zu verstehen, was Gott von uns verlangt, und es treu zu erfüllen, ist ein großes Hindernis für alle. Die vielen Schwierigkeiten, die dem Weg auferlegt werden, veranlassen viele, ihre eigene Persönlichkeit aufzugeben und in Korruption und Versagen zu verfallen. Was kann man tun, um dies zu beheben und zu überwinden? Es gibt ein unglaublich weises Sprichwort, das besagt: "Gott schreibt richtig in krummen Linien." Um dieses Sprichwort zu bekräftigen, müssen wir unsere Rolle erfüllen, aufrichtig zum Vater beten und um die Erfüllung seiner Verheißung in unserem Leben bitten. Jahwe Gott ist souverän, er belebt die menschliche Seele, und gewiss wird geschehen, was geschrieben steht. "Tu deinen Teil und ich helfe dir" ist jedoch ein weiterer Spruch, der den ersten ergänzt und absolut Sinn macht.

Am Beispiel des obigen Textes werde ich über meine persönlichen Erfahrungen sprechen. Ich habe zwischen 2006 und 2007 angefangen, einen einfachen Selbsthilfetext zu schreiben, der getippt genau siebenunddreißig Seiten umfasste. Im selben Jahr begann ich meinen Bachelor-Abschluss und trat eine Stelle im öffentlichen Dienst an. Zu dieser Zeit kam ich aus einer sehr komplizierten persönlichen und finanziellen Situation. Auf der persönlichen Seite hatte ich "Eine dunkle Nacht der intensiven und gefährlichen Seele" erlebt, der ich fast vollständig erlegen wäre. Finanziell hatte ich kein Geld für irgendetwas, nicht einmal, um ein einfaches Heft zu kaufen (das bei öffentlichen Prüfungen helfen würde) und noch weniger einen Computer, der mein Traum war.

Ich fing an, mein Buch in meiner Freizeit zu tippen, weil ich keine andere Wahl hatte. In zwei Monaten war es fertig. Zu dieser Zeit kündigte ich auch meinen Job aufgrund höherer Gewalt und widmete mich nur noch dem College. Als mein Buch fertig war, schickte ich es an einen kommerziellen Verlag und wartete auf die Antwortfrist.

Drei Monate später kam mit dem Buch ein höflicher und freundlicher Brief, in dem sie die Veröffentlichung verwarfen. Es war mein erster literarischer Schock und mein erstes Scheitern, das meine Strukturen sehr erschütterte. Da ich keinen Ausweg hatte, konzentrierte ich mich einfach auf mein Studium und hörte auf zu schreiben. Damals gab es noch keine Möglichkeit, Schriftsteller zu werden.

In diesem Augenblick der Ungewissheit wirkten die Kräfte des Guten auf mysteriöse Weise. Bei zwei Gelegenheiten hatte ich den nötigen Beweis, dass mein Traum noch möglich war. Als ich das College verließ, mit meinem kleinen Buch in der Hand, nachdem ich es einigen Klassenkameraden gezeigt hatte, erhielt ich die folgende Nachricht von Jahwe, meinem Vater: "Aldivan, mach dir keine Sorgen. Du wirst immer noch gewinnen. Du wirst "der Seher" sein, der angesehenste Typ in der Literatur." Diese Nachricht war für mich damals ein Schock. Erstens, weil ich die Tragweite der Botschaft nicht verstand: Seher? Wie das? Ich hatte nur ein einziges Buch geschrieben, und selbst dann war es abgelehnt worden. Es ergab keinen Sinn.

Der zweite Teil der Botschaft wurde enthüllt, als ich von der Uni in meinem geliebten Dorf ankam. Ich ging über den zentralen Platz, als ich in einem bestimmten Moment in Ekstase geriet. In Sekundenschnelle konnte ich mehrere Buchtitel sehen, die Engel singen und am Ende den Satz: "Der Sohn Gottes wird die Welt erobern." Es machte damals auch keinen Sinn, weil ich wegen meiner Probleme völlig aus der Perspektive war. Ich musste jedoch an meinen Sieg glauben, auch wenn es lange dauerte, denn die Verheißung kam von Jahwe und war unanfechtbar.

Finale

Milton Keynes UK
Ingram Content Group UK Ltd.
UKHW011937010124
435297UK00001B/149